BIBLIOTHÈQUE

CHRÉTIENNE ET MORALE,

APPROUVÉE

PAR MONSEIGNEUR L'ÉVÊQUE DE LIMOGES.

Tout exemplaire qui ne sera pas revêtu de
notre griffe, sera réputé contrefait et poursuivi conformément aux lois.

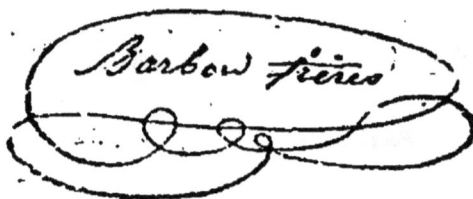

RÉCITS MILITAIRES.

Je m'étais montré très-ardent à poursuivre les Russes.

RÉCITS MILITAIRES

CRIMÉE ET ITALIE

PAR

L. LE SAINT

LIMOGES

BARBOU FRÈRES, IMPRIMEURS-LIBRAIRES.

1867

CHAPITRE Ier.

—

Le Tréport. — Ses environs.

Sur le bord de la mer, à l'extrémité d'une riche vallée qu'arrose la Bresle, est située une petite ville, jadis à peine connue, et devenue aujourd'hui, à la saison d'été, le rendez-vous de nombreux baigneurs : c'est le Tréport. Il y a la haute et la basse ville. La partie haute est très-ancienne ; la partie basse, de construction moderne, est établie sur les galets : on y a élevé de jolis pavillons, qui ne sont ouverts qu'à l'époque des bains. Ainsi que le dit M. Constant Moisand, dans une intéressante notice, écrite sur les lieux mêmes, la beauté de la plage, l'amabilité des habitants et l'agrément des sites y attirent chaque année une foule de malades et de touristes ; les mères y amènent volontiers leurs enfants, certaines qu'ils retrouveront la vie de famille au milieu de cette excellente population de pêcheurs, et qu'ils peuvent faire dans les environs des promenades délicieuses.

Parmi les étrangers accourus, au mois de juillet 1860, pour respirer la brise salutaire de la côte et rétablir leur santé, on remarquait un monsieur de trente-six à trente-sept ans, dont les manières et l'allure semblaient annoncer un militaire. Il avait pris un logement sur la plage, et on le connaissait sous le nom du capitaine Kerhervé. Il vivait très-retiré et sortait presque toujours seul ; on le rencontrait assez souvent à la campagne, occupé à écrire ou à prendre un croquis. Les gens qui prétendaient tout savoir, assuraient qu'il avait fait les campagnes de Crimée et d'Italie. Il portait à sa boutonnière le ruban de la Légion-d'Honneur.

Non loin de la maison où logeait l'officier, habitait une dame, venue de Paris avec son fils Arthur, jeune collégien de douze à quatorze ans. Madame Deslandes paraissait aimer beaucoup son enfant, et lui, de son côté, était rempli d'attention pour sa mère. Une circonstance insignifiante les mit en rapport avec le capitaine. Arthur se plaignait un jour tout haut de ce qu'on ne le laissait pas aller comme les petits camarades à Eu, au bourg d'Ault et ailleurs. Mme Deslandes cherchait vainement à lui faire entendre raison sur ce point quand l'officier, s'approchant d'elle, lui proposa de l'emmener de temps en temps à la campagne. Cette offre gracieuse fut acceptée avec plaisir, et, dès le lendemain, le collégien et son cicerone visitèrent la ville d'Eu et le château.

M. Kerhervé retraça à son jeune ami l'histoire de cette antique demeure des ducs de Lorraine. Le vieux château datait d'avant l'établissement des Normands en Neustrie. Le nouveau fut commencé en 1578 et achevé par le duc de Guise, assassiné sous Henri III ; Mlle de Montpensier l'acheta long-temps après, et il passa de ses mains dans celles du duc du Maine, qui le transmit au duc de Penthièvre. Il fut déclaré, en 1789, propriété nationale, et, en 1808, rendu à Mme la duchesse d'Orléans, mère du roi Louis-Philippe, seule héritière de Penthièvre. Après la mort de sa mère, le roi donna des ordres pour qu'il conservât le caractère de son temps et fût approprié aux usages du nôtre. Une partie du domaine d'Eu a fait retour aujourd'hui à l'Etat; ce qui dépendait du domaine privé du roi a été acheté par M. Estancelin, qui habite la ferme.

Après avoir parcouru les appartements, maintenant vides, et les allées du parc, le capitaine et l'enfant entrèrent dans l'église située en face du château, dont le chœur et la chapelle consacrée à la Vierge, méritent de fixer l'attention. Ils entrèrent également dans la chapelle du collège, pour voir les mausolées de Henri de Guise et de Catherine de Clèves, puis ils se dirigèrent vers la chapelle Saint-Laurent, bâtie à un kilomètre d'Eu, et lieu de pèlerinage que la révolution elle-même n'avait pas aboli. De ce point, ils eurent une perspective magnifique. De là, comme le dit M. Constant Moisand, on découvre la vallée de la Bresle et la mer; à droite et à gauche, d'immenses forêts qui semblent s'être parées pour livrer passage à la rivière, dont les bords fleuris sont couverts de troupeaux. Au pied de la chapelle, on aperçoit la ville d'Eu; plus loin encore, la vallée de la Bresle, avec la petite ville de Gamaches si pittoresquement assise, et, toujours du même côté, à l'horizon, la belle forêt d'Eu avec ses grands hêtres séculaires. La vue de ce beau panorama ravit Arthur.

1.

Un autre jour, M. Kerhervé le mena à Saint-Valéry. Ils montèrent, à Cayeux, à la lanterne du phare élevé au milieu de sables arides, et, après avoir déjeuné au *Panier-Fleuri*, ils continuèrent leur route. L'enfant se félicita de pouvoir passer plusieurs heures dans le port où Guillaume-le-Conquérant réunit, en 1066, la flotte immense qui transporta son armée de plus de 60,000 hommes sur les rivages de Hastings. Le capitaine lui cita quelques-uns des marins célèbres qui y sont nés; il lui signala particulièrement le brave Joille, tué à bord du *Généreux*, dans la rade de Tarente, et le vaillant amiral Peret, emporté par un boulet anglais devant Malte, après s'être distingué au combat de Chabreis. Le soir, ils revinrent au Tréport, et, comme ils avaient bien employé leur temps, Arthur n'éprouva pas la moindre envie d'aller, selon son habitude, au Casino.

Le Hâble d'Ault, le bourg d'Ault, les verreries de la Grande-Vallée, de Romesnil et du Val-d'Annoy furent encore le but d'excursions très-amusantes pour le jeune collégien. Et puis, chemin faisant, il aimait à entendre parler le capitaine, qui lui racontait souvent des épisodes de ses guerres; Arthur prêtait alors une oreille attentive et multipliait ses questions.— Je crois que les récits de bataille ont pour vous beaucoup d'attrait, lui dit un matin M. Kerhervé. Hé bien! maintenant que nous avons vu à peu près tout ce qu'il y a de curieux à quatre ou cinq lieues à la ronde, je vais vous proposer une distraction d'une autre nature. L'idée m'est venue, dans ma solitude, de recueillir les souvenirs de ma jeunesse; j'ai consulté ensuite les rapports des généraux qui nous commandaient en Crimée et en Italie, et, mettant à profit les notes prises par moi, au fur et à mesure que les évènements se succédaient, j'ai essayé de rédiger ce qu'un autre pourrait appeler ses mémoires. Je vous communiquerai mon travail. Je ne suis pas, vous le comprenez, un écrivain, mais, comme j'ai été témoin d'une grande partie des faits que je raconte, vous parcourrez peut-être ces pages avec quelque plaisir; vous y trouverez, du reste, une foule de détails et d'anecdotes qui vous toucheront, j'en suis persuadé. Venez me voir dans l'après-midi.

Quelques heures après, Arthur rentrait chez sa mère tout joyeux; il apportait le manuscrit du capitaine. Voici ce qu'il lut.

CHAPITRE II.

Le vieux maître d'école. — Son chien fidèle.

En 1837, j'allais à l'école, dans une petite ville située au fond de la Bretagne, chez un vieillard dont l'existence avait quelque chose de particulier. M. Dancour atteignait alors la soixantaine. Simple dans ses goûts, et conservant religieusement en tout les traditions du passé, il n'avait rien changé au costume qu'il portait au temps de son adolescence. Les étrangers s'étonnaient bien un peu de le rencontrer avec son chapeau à larges bords, orné par devant d'une énorme boucle d'acier, son gilet long et ses culottes courtes; mais les gens de la ville y étaient habitués, et nul d'entre eux n'y faisait attention.

M. Daucour était marié et n'avait pas d'enfants. Il avait épousé, à l'âge de trente-huit ans, la fille d'un négociant dont les affaires n'avaient pas prospéré, et cette jeune fille lui avait apporté en dot ses vingt-quatre ans, une de ces figures dont on ne dit rien et un esprit assez borné. M. Daucour se demanda d'abord ce qu'il ferait pour vivre, car, de son côté, il avait perdu, dans des spéculations malheureuses, le peu de fortune que lui avait laissée sa mère. Le commerce ne lui souriant pas; il prit un brevet d'instituteur et ouvrit une école. Les élèves ne lui manquèrent pas. Les familles tenaient à honneur de confier leurs enfants à un homme dont tout le monde appréciait la haute moralité et l'instruction.

A l'époque dont je parle, on l'eût pris pour un des sages de l'antiquité, tant sa belle et douce figure exprimait le calme et la résignation. Chaque matin, son premier soin était d'aller à la messe. Au sortir de l'église, il rentrait, et, après un déjeuner frugal, il se promenait quelques instants dans son petit jardin. A huit heures, il montait faire sa classe, qui durait jusqu'à midi. — Nous formions deux divisions d'élèves. — Puis, venait le dîner, suivi d'une nouvelle promenade dans le jardin, et la classe du soir. De quatre heures à six, on le rencontrait assez fréquemment sur les coteaux qui dominaient la ville. Il marchait lentement, la main droite appuyée sur sa canne, et il s'arrêtait parfois à causer avec les laboureurs, à qui il donnait souvent de bons conseils. Tous le vénéraient et étaient fiers de l'entendre leur parler. Il n'était pas ordinairement seul ; un caniche l'accompagnait.

M. Daucour, comme tous les hommes qui fuient le tumulte du monde, aimait l'étude de la nature; la culture de son jardin l'occupait beaucoup, et il se plaisait à suivre le développement des arbres et des fleurs qui l'ornaient. Il ne revenait jamais des champs sans rapporter quelques plantes nouvelles destinées à enrichir son herbier. Les oiseaux et les animaux domestiques étaient aussi l'objet de son attention ; aussi fut-il très-heureux le jour où sa femme voulut bien consentir à ce qu'il acceptât un jeune chien qu'on lui offrait.

Ce chien reçut des deux époux les soins les plus attentifs, et bientôt il devint pour eux un compagnon et un ami. Si madame Daucour sortait pour une course, il la précédait en bondissant de joie, et, tout le temps qu'elle restait dehors, il ne la quittait pas plus que son ombre. Vers le soir, c'était son maître qui le menait à la campagne, et dès qu'il voyait M. Daucour se couvrir la tête de son large chapeau et s'armer de sa canne, il comprenait ce que cela voulait dire, et s'élançait à la porte en aboyant. On lui avait donné le nom de Fidèle.

Pendant trois ans, Fidèle fut le plus fortuné des chiens: le vivre et le couvert, des promenades chaque jour dans la ville et aux champs, des caresses nombreuses et jamais une contrariété. Il y avait bien, de temps à autre, quelque écolier espiègle qui, le trouvant seul dans l'allée noire, essayait de lui jouer un tour, mais cela n'allait jamais très-loin ; car, si le malin caniche ne se sentait pas de taille à repousser les attaques dirigées contre lui, il faisait entendre un cri de détresse, et, aussitôt madame Daucour entrebaillant la porte de la pièce d'en bas, où elle se tenait le plus souvent, le coupable était pris en flagrant délit. Or, madame Daucour, excellente femme du reste, avec son bonnet de forme antique, sa longue figure osseuse et ses yeux gris clair, produisait sur la gent écolière l'effet de la tête de Méduse, et il était rare qu'on s'exposât à être sermonné par elle pour se donner le plaisir de harceler le chien. Donc Fidèle n'avait pas à se plaindre de sa destinée.

Mais rien n'est stable ici-bas. La roue de l'inconstante déesse qu'on appelle la Fortune tourne pour les chiens comme pour les hommes, et tel griffon qui, dans sa jeunesse, s'endormait sur de moelleux tapis, est réduit ensuite à accompagner un mendiant qui ne peut le nourrir et qui souvent le rudoie. Fidèle ne tomba pas dans cet excès de misère ; cependant il n'allait pas tarder à éprouver un changement de sort. Dans le courant du mois de février 1852, M. Daucour, dont la santé était depuis long-temps chancelante, fut pris d'un refroidissement qui lui devint mortel. La maladie fit des progrès rapides, et il fut bientôt en danger de mort. Il expira, quelques jours après, dans les sentiments de piété qu'il avait montrés toute sa vie, et l'on put dire de lui, comme du sage de La Fontaine, que sa fin fut le soir d'un beau jour.

Ce fut, pour madame Daucour, un coup terrible. Elle venait de perdre celui dont les vertus aimables lui avaient rendu l'existence si douce pendant tant d'années, et il ne lui restait que des parents éloignés, avec qui elle n'avait jamais entretenu de relations suivies. Le chagrin s'empara d'elle, et, six mois après son mari, elle fut portée, à son tour, au cimetière. Fidèle comprit son isolement, et il donna des signes non équivoques de la douleur que lui causait la mort de ses maîtres. Une voisine, qui l'avait recueilli, essayait, par de bons traitements, de consoler la pauvre bête. Le chien y était sensible, mais sa tristesse ne diminuait pas. Vingt fois, dans la journée, il s'échappait de chez sa bienfaitrice, pénétrait, par une ouverture de la haie dans le jardin de M. Daucour, et là, parcourant les allées et s'arrêtant à flairer une bêche ou un rateau oublié dans un coin obscur, il poussait comme un gémissement. La voisine jugea qu'il serait malheureux tant qu'on le garderait près de cette maison, et elle résolut de profiter d'une occasion pour l'envoyer dans une autre ville; seulement, elle voulait être certaine qu'il rencontrerait en partie, chez ceux à qui elle le remettrait, l'affection que lui portaient M. et madame Daucour.

CHAPITRE III.

—

Un jeune peintre à Paris. — Un intérieur.

L'occasion attendue par la bonne voisine s'offrit bientôt. Au commencement du mois d'avril, elle apprit que j'allais partir pour Paris, et, comme elle savait que j'avais été l'élève de M. Daucour, elle ne doutait pas que je ne consentisse à me charger de Fidèle. J'acceptai, en effet, sans peine, sa proposition de l'emmener, promettant d'avoir le plus grand soin de lui, et, quinze jours après, le caniche et moi, grimpés sur l'impériale de la diligence qui faisait le service entre Brest et Paris, nous nous éloignâmes de la petite ville, peut-être pour toujours.

J'avais alors vingt-quatre ans, et mes parents étaient morts. Depuis que je les avais perdus, je vivais de la rente d'un modeste capital qu'ils m'avaient laissé, sans trop m'occuper de mon avenir. J'avais long-temps suivi les leçons d'un maître de dessin qui avait un certain talent; aussi trouvait-on que je commençais à manier avec assez d'habileté le pinceau. Mon intention était de m'installer à Paris et de demander les conseils d'un des

artistes en renom dont on m'avait souvent entretenu.
Pourquoi n'arriverais-je pas comme eux à la célébrité?
me disais-je. Je sentais que j'avais le feu sacré, qui donne
l'inspiration, relève le courage dans les moments difficiles et assure le succès; je m'en allais le cœur rempli
d'espérance.

En arrivant à Paris, je me mis en quête d'un logement.
Je trouvai au Marais une grande pièce sous les combles
qui me parut être ce qu'il me fallait; j'en fis en même
temps ma chambre et mon atelier. Le prix en était assez
élevé pour quelqu'un dont les revenus étaient aussi min-
ces que les miens; mais je travaillerais pour les journaux illustrés, et le produit de ce travail, ajouté à mes
ressources, me permettrait, croyais-je, de vivre presque
dans l'aisance. Fidèle n'était pas oublié dans ces arran-
gements. Je lui fis dans un coin une niche très-conforta-
ble, et il s'habitua facilement à sa nouvelle existence.
Il devint pour moi ce qu'il avait été pour M. Daucour,
un compagnon et un ami, et je me prenais chaque jour
pour lui d'un attachement plus vif. On a beau n'avoir
que vingt-quatre ans, l'isolement est une triste chose,
et quand, récemment établi dans une ville comme Paris,
on ne voit autour de soi que des visages indifférents, l'être
qui nous accueille avec joie lorsque nous rentrons et
s'afflige si nous sortons sans lui, fût-il un chien, ne
peut manquer de nous être cher. Fidèle et moi, nous
aurions difficilement vécu désormais séparés l'un de
l'autre.

Mon père, marin de l'État, avait reçu, dans diverses
circonstances, les services d'un officier, nommé M. Penhoël, et il ne s'était pas montré ingrat; chaque année,

quand venait le premier janvier, il se faisait un devoir de
renouveler à son ancien supérieur l'expression de sa
reconnaissance. Cela avait duré aussi long-temps qu'ils
avaient vécu tous deux. La veuve de M. Penhoët habitait
Paris, je le savais, mais j'ignorais son adresse. J'entrai
un jour au ministère de la marine, pensant que son
nom n'y était pas inconnu, et, en effet, j'y obtins les
renseignements que je désirais. Madame Penhoët occupait
un modeste appartement rue Lachaise; elle était dans
une position assez gênée, n'ayant, pour subvenir à ses
besoins, que la rente qui lui était servie par le fermier
d'un bureau de tabac dans la banlieue. Elle n'en faisait
pas moins beaucoup de bien. Elle avait adopté un jeune
Espagnol dont le père s'était vu contraint de partir pour
l'Amérique, et dont la mère était décédée bientôt après.
Au sortir du ministère, je m'acheminai vers la rue indi-
quée; une demi-heure après, je causais le plus amicalement du monde avec la veuve de l'officier et son fils
adoptif. Fidèle, qui m'avait accompagné dans mes courses, se tenait coi dans l'angle le plus sombre du salon;
il avait vu briller, en entrant, les yeux jaunes d'un gros
angora, et il ne jugeait pas prudent de prendre ses ébats
avec la même liberté que dans l'atelier du Marais.

Madame Penhoët, avec la bienveillance qui faisait le fond
de son caractère, m'invita à venir, le lendemain, dîner
avec elle et son fils. Elle réunissait quelques amis à
l'occasion de sa fête, et il lui serait agréable, me disait-
elle, de me présenter à eux. Je verrais parmi ces personnes un commandant en retraite, dont les relations
étaient étendues et qui pourrait m'aider de ses avis. Je

remerciai vivement l'excellente dame de cette marque d'intérêt, et je promis de venir.

Il y a loin du Marais au centre du faubourg Saint-Germain. Comme le dîner était pour six heures, et que je tenais à ne pas dépenser le prix d'une voiture, je m'habillai dans l'après-midi et, sifflant mon chien, je descendis le boulevard. Arrivé sur la place de la Concorde, je tirai ma montre, et je vis qu'il n'était que quatre heures et demie. Je traversai le pont de la Chambre des députés, puis, remontant les quais jusqu'au Pont-Royal, je m'engageai dans la rue du Bac, d'où j'atteignis, en flânant, la rue du Dragon. Il y avait là un magasin de tableaux que j'avais déjà remarqué une fois, et je n'étais pas fâché de savoir ce que valaient ces différentes toiles; je pensais que je pourrais moi-même mettre en vente quelques-unes de mes œuvres dans cette maison. Le marchand me donna toutes les explications que je lui demandai, et, vers cinq heures et demie, je pris le chemin de la rue Lachaise.

Je trouvai réunis les invités de madame Penhoët. Ils se connaissaient depuis long-temps, et c'était pour eux un plaisir de parler des évènements du jour avant de se mettre à table. Je fus très-gracieusement accueilli de tous. Quelques instants me suffirent pour juger à qui j'avais affaire.

Le commandant, âgé de soixante-sept à soixante-dix ans, était un homme de haute taille, plein de force encore, mais que ses infirmités rendaient souvent triste et un peu rude. Il vivait avec une grande parcimonie, bien qu'il dût laisser à sa nièce, pour reconnaître un dévouement qu'il appréciait, un capital de plus de 120,000 fr Cette jeune fille était venue avec lui, et elle charmait tout le monde par son intelligence et sa bonté. Elle avait habité une de nos colonies pendant plusieurs années ; appelée, après la mort de ses parents, auprès d'une vieille tante, elle lui avait prodigué les soins d'une fille, puis, quand madame Lebihan était décédée, elle était accourue auprès de M. Marsal, frère de son père. Je lui adressai une foule de questions sur la vie que mènent les colons et sur la position des travailleurs ; elle y répondit avec une grande complaisance.

Pendant ce temps-là, madame Penhoët achevait de tout disposer avec l'aide de son fils adoptif. C'était un jeune homme de seize à dix-sept ans, dont le type annonçait une origine étrangère. Ses manières étaient distinguées, et il paraissait rempli d'affection pour la respectable femme qui lui tenait lieu de mère. Madame Penhoët l'aimait de son côté beaucoup. Elle eût voulu pouvoir le mettre à même d'arriver plus tard à une position honorable ; malheureusement, ses ressources ne lui permettaient pas de le placer dans un collège, et il fallait qu'Henri se contentât des leçons, peu régulières, de personnes qui s'intéressaient à sa bienfaitrice et à lui.

Madame Penhoët avait été assez heureuse pour introduire dans plusieurs familles en qualité de maîtresse de piano, la veuve d'un capitaine mort en Afrique, qui avait besoin de son talent pour vivre. En reconnaissance de ce service, madame Weder avait bien voulu se charger de donner ses soins à Henri une fois par semaine, et, ce jour-là, son couvert était mis. Sa conversation me plut infiniment. Elle avait reçu une éducation excellente, et avait acquis dans ses voyages une grande expérience du monde. J'admirais le courage avec lequel elle supportait l'adversité : réduite à s'imposer souvent des privations d'autant plus dures que sa santé n'était pas des meilleures, elle ne se plaignait jamais de son sort : sa confiance en Dieu la soutenait.

Les deux autres invités de madame Penhoët étaient un médecin du quartier et un chef de bureau du ministère des finances Tous les deux aimaient à venir chez leur vieille amie , et ils ne dédaignaient pas de se faire les maîtres d'Henri. Le médecin s'occupait avec lui de littérature ; le chef de bureau lui expliquait des théorèmes de géométrie et l'exerçait au calcul. J'appréciai vite le mérite de l'un et de l'autre , et , comme ils étaient pour moi pleins d'amabilité , je me promis de recourir quelquefois à leurs conseils.

Le repas fut des plus gais. Le commandant raconta plusieurs épisodes de sa vie de soldat, et madame Weder retraça à son tour quelques-uns des évènements qu'elle avait vus de près en Algérie. Quant au docteur et au chef de bureau, ils se contentèrent de faire, à l'occasion , des observations pleines de finesse, qui me permirent de juger de leur esprit et de leur savoir. On se sépara vers dix heures, et chacun regagna ses pénates. Fidèle et moi , nous nous dirigeâmes, à travers le quartier Latin, vers la Seine; nous traversâmes ensuite la Cité, et, atteignant bientôt la rue de Rivoli, nous arrivâmes au Marais. Tout en marchant, je réfléchissais sérieusement. D'après ce que j'avais entendu dire au médecin , il ne me serait pas aussi facile que je me le figurais de me procurer le travail sur lequel je comptais pour ajouter à mes faibles revenus. Le commandant avait promis de s'intéresser à moi, mais il fallait du temps pour obtenir un résultat.

Tout en commençant à m'inquiéter, je me couchai néanmoins satisfait de ma soirée, et, après avoir, suivant mon
habitude, accordé un souvenir à ma mère, je m'endor·
mis profondément. Fidèle ronflait déjà dans sa niche.

CHAPITRE IV.

—

Une visite. — La légende du Folgoët (le Fou du bois.)

Deux mois s'écoulèrent, et je ne réussissais dans aucune
de mes démarches pour me procurer du travail. Ce tra·
vail avait beau être peu payé, partout où je me présen·
tais, on ne pouvait qu'inscrire mon nom à la suite de
beaucoup d'autres et me prier de revenir plus tard. Le
courage commençait à m'abandonner, car ce n'était qu'à
force d'économie que mes parents étaient parvenus à me
laisser un modeste capital, et je n'aurais pas voulu pour
beaucoup toucher à ce legs que je considérais comme

sacré. Il me fallut cependant acheter les objets nécessaires
pour me mettre à peindre et, après cette dépense, je me
retranchai, ainsi qu'à mon chien, tout ce qui n'était pas
rigoureusement indispensable, jusqu'au jour où je pourrais placer mon premier tableau.

Je me mis enfin à l'œuvre. Je choisis pour sujet une
vue prise dans le Finistère : le village du Folgoët, dont
l'église est le bijou de l'architecture gothique. J'esquis-
sai, d'une main rapide, la collégiale si chère à Anne de
Bretagne, avec ses deux tours et son portique des douze
apôtres, puis le Doyenné, charmant manoir à tourelles et
lucarnes garnies de crochets, habité jadis par des dignitaires ecclésiastiques, et les bâtiments de la collégiale
qu'occupent aujourd'hui la mairie et l'école des Frères.
Des maisons groupées auprès, sur la route de Lesneven
à Brest, avec quelques Bas-Bretons, au costume pittoresque et aux longs cheveux, complétaient ma composition.
Trois semaines après, grâce à une application soutenue,
j'étais sur le point d'achever ce travail, dont le prix
devait améliorer un peu ma position.

Une après-midi, pendant que je me reposais en jouant
avec mon chien, quelqu'un heurta à ma porte. Fidèle se
précipita en aboyant; il flairait des étrangers. J'ouvris, et
ma surprise fut grande de me trouver en présence de
M. Marsal, le commandant, et d'un monsieur d'un certain
âge, dont l'air distingué me frappa. — Mon cher ami,
dit le vieil officier, je n'ai pu, jusqu'ici, à mon grand
regret, vous trouver le travail que vous désirez; voilà
pourquoi vous n'avez pas eu plus tôt ma visite. N'allez
pas croire pour cela que je ne m'intéresse pas à vous.
Vous me paraissez avoir de l'énergie, et ce serait pour

moi un véritable bonheur de vous être utile ; je tiens à ce
que vous ayez aujourd'hui une preuve de mes bonnes
intentions à votre égard. M. X..., ajouta t-il, en se tournant vers le personnage qui l'accompagnait, est profes-
seur à l'école des Beaux-Arts, et il a bien voulu venir avec
moi au Marais pour juger de ce que vous pouvez faire.
Montrez-lui la toile que vous avez commencée, il vous
donnera son appréciation.

Pendant que M. Marsal parlait, M. X... s'était appro-
ché du chevalet. Après avoir examiné mon tableau quelques minutes, il me fit des observations pleines de jus-
tesse et m'engagea à continuer de montrer de l'ardeur
si j'étais décidé à vivre de mon pinceau. J'avais, disait-
il, des dispositions pour la peinture ; mais, au lieu de
rester tant d'années dans une petite ville, où une direction vraiment habile m'avait manqué, j'aurais dû me
hâter d'accourir à Paris. Il ne fallait pas néanmoins me
désespérer ; ma constance serait assurément récompensée un jour : lui-même aurait à cœur de me guider si je
voulais accepter ses conseils.

Je fus on ne peut plus touché de la franchise et de la
bienveillance de M. X.... Je le remerciai, de mon mieux,
de son offre, et je promis de me rendre digne par mes
efforts de sa généreuse protection.

— Ne parlons pas de cela, reprit-il, M. Marsal m'a mis
au courant de ce qui vous concerne. Je sais que vous
avez du cœur et que vous êtes résolu à vous créer une
position ; je ne doute nullement que vous ne profitiez des
leçons que vous recevrez. Je vous attendrai demain matin
à neuf heures, c'est entendu. Mais quel est le village de
Bretagne que vous peignez là ? J'ai parcouru, il y a bien

long-temps, votre poétique province, et je ne me rappelle pas bien....

— C'est un village du Finistère, répliquai-je..., le Folgoët, situé à un kilomètre de Lesneven et à sept lieues environ de Brest.

— Le Folgoët! dit M. X..., le nom ne m'est pas inconnu. Il me semble que j'ai entendu raconter, à son sujet, une de ces légendes que vous autres Bretons vous affectionnez d'une façon toute particulière. Je suis un peu comme vous sous ce rapport, et il m'est arrivé souvent, dans mes voyages, de m'asseoir au foyer d'un brave campagnard, pour écouter ces récits naïfs qui ont pour moi tant de charme. Voudriez-vous me raconter la légende du Folgoët?

— Avec plaisir, répliquai-je, et je commençai en ces termes :

« Quand le touriste qui désire voir tout ce qu'offre de curieux un pays comme l'Armorique est arrivé à Morlaix, au lieu de suivre le chemin qui mène à Brest, il prend, ainsi que je le fis lorsque je visitai le Finistère, la route de Saint-Sol-de-Léon, et, après avoir admiré, dans cette paisible et silencieuse cité du moyen-âge, l'église de Notre-Dame-du-Kreisker, avec son clocher à jour, de quatre vingts mètres de hauteur, il gagne Lesneven. Ce triste chef-lieu de canton, qui n'a ni histoire ni monuments remarquables, ne l'arrête pas long-temps, et il s'achemine vers le Folgoët, dont l'église fait honneur à l'époque qui l'a élevée : elle se distingue, en effet, par la richesse et l'élégance de son ornementation. Le curé, s'il l'interroge, lui apprendra que, vers le milieu du XIVe siècle, au plus fort des guerres civiles, qui ensanglantaient la Bretagne, vivait, dans une forêt voisine, un pauvre idiot, nommé Salaün, plus connu sous le nom de *Fou-des-Bois* (Folgoët), et il lui répètera à peu près ce qu'é-crivait de cet idiot, en 1634, un de ses panégyristes. Mais, ajoutai-je, plutôt que de rappeler mes souve-nirs, qui ne sont pas très-complets, je vais vous mettre sous les yeux, si vous me le permettez, une copie du texte même. J'ai transcrit cette histoire.

: —A merveille, répondit M. X...; nous ne demandons pas mieux, le commandant et moi, que de connaître ce texte.

J'ouvris mon secrétaire, et je tirai un album dont les feuilles étaient couvertes d'annotations; puis, sur l'invi-tation de ces messieurs, je lus moi-même ce qui suit:

« Salaün, seul dans les forêts, solfiait à sa mode les louanges de la Vierge adorable, à laquelle, après Dieu, il avait consacré son cœur, et de nuit, comme le gracieux rossignol, perché sur l'épine de l'austérité, il chantait *Ave Maria*.

» Il était misérablement vêtu, toujours nu-pieds; n'a-vait pour lit, en ce bois, que la terre; pour chevet, qu'une pierre; pour toit, qu'un arbre tortu près d'une fontaine bordée d'un très-beau vert naissant. Il allait tous les jours mendier son pauvre pain par la ville de Lesneven ou ès-environs, n'importunant personne aux portes que de deux ou trois petits mots; car il disait: *à Zébré barn* (Salomon mangerait du pain). Il prenait tout ce qu'on lui donnait, revenait bellement en son petit hermitage auprès de la fontaine, en laquelle il trempait ses croûtes, sans autre assaisonnement que le saint nom de Marie.

» Au cœur de l'hiver, il se plongeait dans cette fon-

taine jusqu'au menton, comme un beau cygne en un
étang, et répétait toujours et mille fois : *Ave Maria*, ou
bien chantait quelque rhythme breton en l'honneur de
Marie. On rapporte que, lorsqu'il grouait (gelait) à pierre
fendre, il montait en son arbre, et prenant deux branches de chaque main, il se berçait et voltigeait en l'air,
en chantant : *O Maria* ! En cette façon, et non autrement,
il échauffait son propre corps. C'est pourquoi, à cause de
cette sienne façon de faire, l'appelait-on le *Fol* ; et pourtant est-il l'un des plus beaux enfants de la Reine des
cieux. Une fois, il fut rencontré par une bande de soldats
qui couraient l'estrade, lesquels lui demandèrent : Qui
vive ? auxquels il répondit : « Je ne suis ni Blois ni
Montfort ; je suis serviteur de madame Marie, et vive
Marie ! » A ces paroles, les soldats se prirent à rire et le
laissèrent aller.

» Il mena cette manière de vivre trente-neuf ou quarante ans, sans jamais avoir offensé personne. Enfin, il
tomba malade, et ne voulut pour cela changer de demeure. L'on tient que la sainte Vierge, qui ne manque jamais
à ceux qui lui sont fidèles, le consola et le récréa mer-
veilleusement de ses aimables visites, s'apparaissant
devant lui, environnée d'une grande clarté et accompa-
gnée d'une troupe d'anges. Notre pauvre simplique,
sentant bien que sa fin approchait, comme une tourte-
relle, fit résonner l'écho de sa voix, pour marquer que
l'hiver de sa vie était passé. Mourant, il répétait encore
dévotement le doux nom de Marie. Après cela, il rendit
son âme pure et sincère à Dieu. Son visage qui, en sa
vie, était tout défait par la pauvreté, parut si beau et si
lumineux, qu'il le disputait à la couleur du lys et au ver-

2.

meil de la rose. Il fut trouvé mort, non loin de sa fontaine, près du tronc de l'arbre qui avait été sa retraite; et l'enterrèrent les voisins sans bruit et sans parade. »

« Dieu fit naître sur la fosse un lys blanc, beau par excellence, lequel répandit de toute part une fort agréable odeur, et ce qui est plus admirable, c'est que dans les feuilles de ce lis, étaient écrites en caractères d'or ces paroles : *Ave, Maria*! Le bruit de cette merveille courut en moins de rien dans toute la Bretagne, de sorte qu'il s'y transporta une infinité de monde pour voir cette fleur miraculeuse, laquelle dura en son entier plus de six semaines, puis commença à se flétrir. Et lors fut advisé par les ecclésiastiques, nobles et officiers du duc, qu'on fouillerait tout à l'entour de sa tige, pour savoir d'où elle prenait racine, et on trouva qu'elle procédait de la bouche du corps mort de Salaün; ce qui redoubla l'étonnement de tous les assistants, voyant un témoignage si grand de la sainteté et innocence de celui que, quelque temps auparavant, ils nommaient fou. »

— Je comprends, dit M. Marsal, que ce miracle dut attirer sur les lieux une foule considérable, car, si je m'en rapporte à ma nièce, qui est bretonne, c'est peut-être la contrée de France où les populations aiment le plus le surnaturel.

— C'est la vérité, monsieur, lui répondis je, et, comme les pèlerins se succédaient sans interruption autour du *tombeau fleurdelysé*, suivant l'expression du chroniqueur, on résolut de bâtir une église à Notre-Dame sur la fontaine du pauvre mendiant dont la foi avait été récompensée. Telle est l'origine de l'un des plus beaux monuments du Finistère.

— De quelle date est cette église, demanda M. X...

— Elle fut commencée en 1385, aussitôt après le traité de Guirande, qui rendit la paix à la Bretagne. Le duc
Jean de Montfort s'y rendit en pèlerinage, et tous les
princes de Bretagne jusqu'à la reine Anne témoignèrent
également de leur piété envers ce sanctuaire par des actes authentiques et d'immenses offrandes; aujourd'hui
encore, les antiquaires vont admirer cette basilique et
surtout son jubé, qui dépasse en grâce et en fini d'exécution, ainsi que le fait justement remarquer M. Pol de
Courcy, le célèbre jubé de Saint-Etienne-du-Mont à
Paris, de Sainte-Cécile d'Alby et de la Madeleine de
Troyes.

Quatre heures sonnèrent en ce moment à la pendule
qui ornait ma chambre. M. Marsal se rappela qu'il avait
différentes courses à faire avant son dîner. Il se leva aussitôt, et, me tendant la main, il promit de nouveau de ne
pas m'oublier. M. X... me recommanda d'être exact le
lendemain, et tous deux se retirèrent.

CHAPITRE V.

Cause de la guerre de Crimée. — Commencement des hostilités. — Grande résolution prise par le jeune peintre.

Je me rendais très-assidument tous les matins à l'atelier de M. X...; et, l'après-midi, je travaillais chez moi. J'étais parvenu à placer quelques-unes de mes toiles chez des marchands d'objets d'art; mais, soit que les amateurs se montrassent difficiles, ou que la fortune ne me fût pas favorable, plusieurs mois s'étaient écoulés, et pas un de mes tableaux n'avait été vendu. Cependant mes ressources diminuaient; je me voyais à la veille de manquer du nécessaire. Mes amis de la rue Lachaise, madame Penhoët et le commandant, étaient loin de se douter, quand j'allais oublier auprès d'eux mes préoccupations, que j'étais en proie à de cruels tourments d'esprit; je me gardais bien de laisser échapper un mot qui pût leur faire soupçonner mon embarras. Il m'en eût trop coûté d'accepter du commandant un secours que le vieux soldat eût été, du reste, heureux de m'offrir, s'il avait connu ma position.

On était à la fin de l'année 1852. Le Tzar Nicolas crut que le moment était venu pour lui de compléter l'œuvre préparée par les traités de Bucharest, d'Andrinople et d'Uhkiar-Stélessi, et de mettre enfin la main sur Constantinople : la question des lieux-saints lui avait fourni l'occasion de s'occuper des affaires d'Orient. En vertu des capitutions signées par les Ottomans avec François I, Louis XIV et Louis XV, et surtout de celles de 1740, la France est protectrice des religieux latins qui résident à Jérusalem. Chassés en 1851 de neuf de leurs sanctuaires, les Latins avaient invoqué l'appui de la France, et des réclamations avaient été adressées par le gouvernement français au sultan Abdul-Medjid; le sultan, fort impartial entre les Grecs et les Latins, s'était empressé de nommer une commission mixte chargée de régler le différend et les réparations à accorder aux religieux. La Russie avait suscité mille difficultés.

Au commencement de 1853, le ministre de la marine du Tzar, le prince Menschikoff, partit à grand bruit pour Constantinople, après avoir passé en revue plusieurs corps d'armée dans la Russie méridionale et une flotte nombreuse réunie dans le port de Sébastopol. La hauteur avec laquelle il traita les ministres du sultan, les préparatifs militaires qui se continuèrent en Russie, montrèrent qu'on ne déployait pas tant d'appareil pour la simple question des saints lieux. Le prince révéla bientôt le vrai but de son voyage. Dans une note du 5 mars, il demanda que le sultan s'engageât par traité à maintenir les immunités de la religion grecque, et il ne laissa au

divan pour répondre qu'un délai de quelques jours. Le
sultan refusa de céder; le prince Menschikoff quitta
Constantinople le 18 mai, et rompit avec la Porte les relations officielles.

Le 3 juillet, les troupes russes franchirent le Pruth
et envahirent les principautés danubiennes. Le divan
signifia au commandant de l'armée ennemie que si, à la
date du 23 octobre, ces provinces n'étaient pas évacuées,
la guerre serait déclarée, et les flottes anglaises et françaises allèrent mouiller dans la baie de Besiska, près des
Dardanelles. Les hostilités commencèrent bientôt; une es-
cadrille ottomane, en pleine sécurité dans le port de
Sinope, fut détruite, le 30 novembre, par l'amiral
Mackinoff, qui n'épargna même pas la ville; ce désastre
détermina l'entrée de nos vaisseaux et de ceux des Russes
dans la mer Noire. La Russie s'en irrita, et elle en prit
prétexte pour rompre les négociations poursuivies entre
Saint-Pétersbourg et les puissances que l'Empereur
Napoléon était parvenu à réunir dans une action diplomatique commune, c'est-à-dire la France, l'Angleterre,
l'Autriche et la Prusse. L'Empereur ne tenta pas moins
un dernier effort, en adressant, le 29 janvier 1854, au Tzar
Nicolas une lettre autographe. Loin d'être satisfaisante,
la réponse fut hautaine : rien ne put dès lors arrêter la
guerre. Le 10 avril, la France et l'Angleterre consacrè-
rent leur union par un traité d'alliance offensive et défensive. Quant à la Prusse et à l'Autriche, elles ne purent se décider à prendre les armes contre un État
auquel, depuis quarante ans, elles étaient, pour ainsi
dire, rivées, et elles signèrent entre elles le traité du

20 avril pour la défense de leurs intérêts communs. La neutralité était défiante à l'égard de la Russie.

La nouvelle de la rupture entre la France et la Russie produisit naturellement dans Paris une impression profonde. Le commandant et le médecin, son ami avaient là, quand ils se rencontraient chez madame Penhoët, un sujet de conversation inépuisable. Le vieux militaire se réjouissait de voir qu'une occasion s'offrait à nous de venger les désastres de 1812, et, une fois sur ce chapitre, il ne s'arrêtait plus. Je l'écoutais avec une émotion profonde raconter les incidents de cette retraite que l'intempérie du climat et le manque de vivres rendirent si terrible pour les nôtres, et qui ne fut qu'un long combat. Mon cœur se serrait à la pensée que nous avions laissé, morts ou vifs, derrière le Niémen, près de trois cent mille soldats.

— Hé bien, me dit une fois M. Marsal, après avoir retracé pour la dixième fois l'histoire des guerres auxquelles il avait pris part, j'ai beau avoir supporté d'horribles fatigues, souffert les tourments de la faim, reçu des blessures qui m'ont rendu infirme, si j'étais à votre âge, je n'hésiterais pas un instant à prendre le mousquet et à marcher contre les Russes. Vous avez du goût pour les arts et vous espérez vous y faire un nom. Hélas ! mon cher ami, vous attendrez peut-être long-temps, sinon toujours, la récompense de vos efforts. A Dieu ne plaise que je cherche à vous décourager. Mais je suis franc, vous le savez, et vous ne m'en voudrez pas, je pense, de vous dire qu'à moins de posséder un talent vraiment supérieur, les artistes végètent le plus souvent. Non qu'ils ne produisent parfois des œuvres d'une certaine

valeur, mais parce que la foule, incapable de les appré-
cier , suit d'instinct le courant qui l'entraîne vers les travaux des maîtres et ne s'adresse qu'à eux seuls. Parlez-
moi de la carrière des armes; là du moins, quand on est
brave, intelligent, instruit, il est presque impossible, en
temps de guerre, de ne pas faire son chemin. Je partis
de mon village le sac sur le dos; le ciel me protégea au
milieu des dangers, et, lorsque je revins dans mon pays,
huit ou dix ans après, j'avais les épaulettes de capitaine.
J'ai quitté le service, vous le voyez, avec le grade de commandant.

  J'écoutais attentivement les paroles de M. Marsal;
quand il finit, j'avais pris une grande résolution. — Vous
avez raison, lui dis-je ; il me sera difficile, je le conçois,
d'atteindre à une position honorable dans les arts.
J'aurais dû venir à Paris beaucoup plus tôt, afin d'y étu-
dier des modèles qui m'ont manqué au fond de ma
province. J'aime la peinture, mais le métier de soldat
ne me déplaît pas non plus. Je suis jeune, j'ai reçu une
bonne éducation, et si je pouvais espérer de devenir, dans
quelques années, ce que vous étiez en rentrant dans votre
famille, je ne balancerais pas à échanger mon pinceau
contre un fusil. Mon père, brave marin qui fut blessé au
service de la France, m'a légué, je le sens, son énergie.
Dites-moi seulement, M. Marsal, que vous me conserverez
l'amitié dont vous m'avez donné si souvent des preuves ,
et, dès demain, je me présenterai à un bureau de recrutement.

  — Je vous y conduirai moi-même , répondit le commandant, heureux de ma décision ; je ferai mieux, j'ob-
tiendrai que vous entriez dans un régiment dont je con-

nais le colonel. J'ai eu autrefois l'occasion de m'occuper
de lui, quand il n'était encore qu'un enfant; je lui dirai
ce que vous êtes, et j'ai la conviction que vous ne regret-
terez pas plus tard d'être placé sous ses ordres.

Je remerciai chaleureusement M. Marsal de cette nouvelle marque d'intérêt, mais tout-à-coup mon visage prit
une expression de tristesse qui le frappa.

— Eh bien ! dit-il, à quoi pensez-vous? on dirait à
votre air que vous êtes fâché de votre résolution.

— Non, commandant, répliquai-je, je n'en suis nullement fâché; mais mon chien... Ce pauvre Fidèle, que j'ai
amené de la Bretagne et qui a été à Paris mon seul
compagnon, il faudra que je m'en sépare! cela me fait
réellement de la peine !

— Vous séparer de Fidèle ! reprit le commandant;
rien ne vous y contraindra. Excellente bête, ajouta-t-il,
en s'adressant à l'intelligent animal, qui, entendant prononcer son nom, se dressa sur ses pattes de devant et se
mit à nous regarder l'un après l'autre, non, tu ne quitte-
ras pas ton maître, et s'il va à la guerre, tu lui rendras
peut-être un jour quelque important service.

Fidèle sembla comprendre qu'on faisait son éloge, et
ses yeux brillèrent sous les longs poils qui les recou-
vraient à demi.

Le lendemain, M. Marsal me mena au bureau de
recrutement, et de là chez le colonel dont il m'avait parlé.
Cet officier reçut son vieil ami avec un affectueux empressement, et, quand le commandant lui eut fait connaître l'objet de notre visite, il se montra très-bienveillant
pour moi. Il m'engagea à apprendre le plus promptement
ment possible l'exercice, promettant de m'incorporer

dans un bataillon de guerre, aussitôt que les règlements le lui permettraient. Deux jours après, j'avais revêtu l'uniforme de fantassin, et je manœuvrais avec les recrues dans la cour de ma caserne. Fidèle logeait à la cantine. On eut d'abord quelque peine à l'empêcher de courir après son maître, mais il s'habitua peu à peu à sa nouvelle existence, et il se contentait de m'accompagner lorsque je sortais.

CHAPITRE VI.

—

Guerre de Crimée; L'armée anglo-française en Turquie. — Bombardement d'Odessa. — Opérations de la Baltique.

Je prenais goût à l'état militaire. Le colonel m'avait tenu parole, et dès que mon instruction avait été suffisante, il m'avait placé dans un bataillon de guerre. Notre régiment était désigné pour s'embarquer prochainement à Toulon ou à Marseille; aussi l'exerçait-on fréquemment aux manœuvres de campagne. Toutes les fois que

la fatigue d'une longue marche ne me forçait pas à prendre du repos, j'accourais le soir chez madame Penhoël,
certain d'y trouver mon protecteur; et, tous deux, nous
nous entretenions des préparatifs, qui étaient poussés partout avec une vigueur extraordinaire.

Le 7 mars, le Corps législatif avait voté, par acclamations et à l'unanimité, le projet de loi qui autorisait le
ministre des finances à emprunter une somme de deux
cent cinquante millions destinée à faire face aux dépen-
ses. L'Assemblée, en témoignage de son entière adhésion
aux mesures prises par le gouvernement, avait voulu se
joindre à son bureau, et s'était rendue avec lui aux Tuileries, pour remettre le projet voté aux mains de l'Empereur. Il s'agissait d'une guerre nécessaire, d'une croisade
de la civilisation contre la barbarie; l'armée, comme la
nation, en avait accueilli la nouvelle avec enthousiasme;
tout le monde comprenait qu'on allait se battre sur le
Danube pour ne pas avoir à marcher, dans quelques
mois, sur le Rhin.

Il va sans dire que le commandant applaudissait des
deux mains à ce qui se faisait et qu'il augurait bien de
l'ardeur des troupes; il n'était pas douteux pour lui que
l'empereur Nicolas ne vît échouer ses projets ambitieux
contre la Turquie. En attendant, il se plaisait à me
résumer les nouvelles qu'il avait lues le matin dans ses
journaux. Un décret portait que des aumôniers seraient
attachés à l'armée d'Orient. Le maréchal de Saint-Arnaud
était investi du commandement en chef, et il devait
emmener une suite digne d'un pays comme la France. Le
20 mars, l'avant-garde de l'armée s'était embarquée, à
Marseille, sur le *Christophe-Colomb* et l'*Africain*. Des

navires étaient équipés en toute hâte dans des ports militaires, et de nombreux bateaux descendaient chaque jour
le Rhône, trasportant des hommes, des chevaux et du
matériel. Les régiments anglais prenaient la mer de leur
côté, et, après un court relâche à Malte, faisaient voile
vers les Dardanelles. Tout cela m'intéressait au dernier
point. Je sentais grandir de plus en plus mon courage, et
j'aspirais au moment où notre colonel recevrait, à son
tour, l'ordre du départ.

M. Marsal m'apprit encore que le général Canrobert
était arrivé à Gallipoli : il avait aussitôt reconnu la presqu'île, déterminé les lieux où les divers corps campe-
raient et se formeraient par brigade au fur et à mesure
de leur débarquement, et installé un hôpital militaire. Le
matériel du génie, de l'artillerie et des ambulances serait,
sous peu, réuni sur ce point, qui allait être solidement
fortifié et serait défendu par quarante mille hommes. Le
maréchal de Saint-Arnaud, parti de Marseille le 19 avril,
ne tarderait pas, du reste, à arriver lui-même à Constantinople, ainsi que lord Raglan, chargé du commandement
de l'armée anglaise, qui le précédait de cinq ou six jours.

A propos du débarquement de nos premières troupes
en Turquie, une des feuilles que lisait M. Marsal enre-
gistrait un fait des plus honorables pour l'un de nos
plus vaillants officiers. Le colonel du 1er de zouaves,
M. Bourbaki, d'origine grecque et naturalisé français,
s'était rencontré à Syra avec M. Métaxa, qui avait quitté
Constantinople et retournait en Grèce, parce que son
gouvernement avait rompu avec celui du sultan. M. Métaxa était l'oncle de M. Bourbaki. « J'espère, dit-il au
colonel, que tu vas prendre les armes pour la défense de

tes frères, et que tu n'as pas oublié que ton père a succombé dans notre lutte contre les Turcs. » — Ne revenons pas sur le passé, lui répondit son neveu, et ne rappelons pas des temps malheureux pour tous. J'ai prêté serment à ma nouvelle patrie ; je la servirai en tout ce qu'elle m'ordonnera et jusqu'à la dernière goutte de mon sang. Je suis soldat ; mon épée ne peut se parjurer ! » « Nobles paroles, ajouta le vieillard, qui était la loyauté même, dignes d'être transmises à la jeunesse comme un enseignement et comme un exemple de la fidélité à la foi jurée ! » Je n'admirai pas moins que lui le beau caractère du colonel.

M. Marsal eut bientôt à faire au conscrit, ainsi qu'il m'appelait familièrement, un récit qui accrut encore mon désir de mourir, s'il le fallait, pour la France. Voici à peu près en quels termes les journaux racontaient une affaire des plus glorieuses pour la marine anglaise et pour la nôtre.

Les batteries d'Odessa avaient tiré sur une frégate et une embarcation anglaises portant pavillon parlementaire. Les deux escadres partirent de Kavarna, résolues à venger cette inqualifiable agression. Le 20 avril, après une heureuse traversée de trois jours, les navires français et anglais jetèrent l'ancre à trois milles dans l'est de la ville, dont la rade est peu accessible à des escadres, à cause du faible brassage qu'elle leur offre ; le lendemain, l'amiral Dundas reçut de M. le baron d'Osten-Sacken, gouverneur général de la place, une lettre dans laquelle il adoptait pour sa défense un système de dénégations contraire à ce que l'amiral Hamelin et son collègue avaient recueilli de la bouche des officiers de la fréga canonnée et de celle des capitaines des bâtiments marchands, mouillés sur rade. Il fut répondu, le jour même, au gouverneur par une sommation catégorique de donner, dans l'espace de quelques heures, réparation du procédé dont il avait usé à l'égard des escadres combinées, et l'on se prépara à attaquer dès le 22 le port impérial, si des satisfactions n'avaient pas été fournies au coucher du soleil.

Il ne pouvait entrer dans la pensée des deux généraux de faire le moindre mal à la ville, non plus qu'au port de commerce, où fourmillaient des bâtiments de toutes les nations maritimes; le délégué de l'empereur de Russie était seul coupable; il fut donc décidé qu'on détruirait uniquement le port impérial, les magasins et les navires qui y étaient enfermés, et les batteries dont les feux les protégeaient. Pour arriver à ce résultat, les commandants crurent ne devoir employer que leurs frégates à vapeur.

Le baron d'Osten-Sacken n'ayant pas répondu le 21, le 22 au matin, huit de ces frégates, dont trois françaises, se dirigèrent sur le port impérial, et, à six heures et demie, quatre ouvrirent leur feu sur la batterie de terre. Les deux môles, ainsi que les batteries intermédiaires, ripostèrent vivement. A dix heures, quatre autres frégates se joignirent aux premières, et l'action devint générale. Elle continua jusqu'à cinq heures du soir. En ce moment, les amiraux firent signal aux frégates de rallier l'escadre. L'incendie avait gagné la batterie du môle impérial, la poudrière avait sauté, une quinzaine de navires étaient presque tous coulés ou en feu; les établissements de la marine étaient également en feu ou très endommagés par les obus. Mais la ville et le port marchand avaient été respectés, et plusieurs des bâtiments qui y étaient réunis avaient profité du désordre pour s'échapper.

Tel était le châtiment qui avait été infligé aux autorités militaires d'Odessa, en raison de l'attentat dont elles s'étaient rendues coupables à l'égard d'un navire qui avait le droit d'être respecté. Ni les trente mille hommes de la garnison, ni les soixante-dix canons de sa forteresse, n'avaient pu préserver le port impérial du désastre qui lui était réservé; le 23, les établissements bombardés fumaient encore.

A quelques jours de là, mon régiment reçut enfin l'ordre de se rendre à Toulon. Je pris congé de madame Penhoët et de M. Marsal, et je montai en wagon, le cœur joyeux. Fidèle avait pu trouver grâce auprès du sergent qui commandait mon escouade; on lui accorda la faveur de voyager avec moi. Les soldats l'aimaient à cause de son intelligence : il faisait l'exercice, jouait passablement aux dominos, et était plein de gentillesse pour quiconque ne cherchait pas à l'irriter en le contraignant de sauter pour la Russie. Aussi était-il devenu le chien du bataillon.

Notre séjour à Toulon ne fut pas de longue durée. En attendant le moment de s'embarquer, les hommes devisaient entre eux des préparatifs immenses qui se faisaient en vue de la campagne. Quatre camps allaient être établis près de Boulogne; des navires étaient lancés dans les ports de guerre; on travaillait sans relâche, à Indred, aux machines énormes que devaient recevoir les vaisseaux. Les nouvelles venues d'Orient les intéressaient aussi beaucoup. Le prince Napoléon était arrivé à Constantinople ; on fortifiait la presqu'île de Gallipoli, et l'on achevait le camp retranché de Bulair. Des corps français et anglais s'avançaient sur les Balkans et vers Varna. Tout cela entretenait parmi les troupes de notre division (celle du général Forey) une ardeur belliqueuse qui était d'un bon présage.

Le général ne crut pas moins devoir appeler sur ses soldats les bénédictions du ciel. Sur le point de quitter la France avec son état-major, il demanda à M. le curé de la principale église de célébrer une messe pour le succès de nos armes. L'autorité civile s'empressa de se rendre à cette touchante manifestation ; une foule de militaires de tous les grades y assistaient, ainsi qu'un grand nombre d'habitants. Je n'étais pas de ceux qui auraient voulu, dans une circonstance semblable, négliger mes devoirs. Je priai avec ferveur à la messe, et, quelques jours après, quand nous vîmes disparaître à l'horizon les rivages de la patrie, j'étais en paix avec Dieu.

Les évènements se précipitaient en Orient. Le 20 mars, une conférence fut tenue à Varna entre les chefs des armées alliées et les généraux turcs, dans le but d'arrêter définitivement le plan des opérations sur terre et sur mer. A la suite de cette conférence, l'armée française, débarquée à Gallipoli, avec l'armée anglaise, se dirigea comme pour opérer sur le Danube, où les Russes s'acharnaient au siége de Silistrie. Le premier résultat de l'entrée en ligne du corps expéditionnaire anglo-français fut la levée définitive du siége. Cette ville héroïque bravait depuis longtemps les efforts de l'ennemi, et plusieurs journées, dans les mois de juin et de juillet, avaient été marquées par de brillants succès obtenus par l'armée belligé-

rante. Les pertes des Russes avaient été considérables,
mais ils n'en persistaient que plus à attaquer la place. L'arrivée des alliés les détermina à renoncer au siége et à évacuer les principautés qu'ils occupaient depuis un an. Les
Autrichiens, d'accord avec le sultan, entrèrent dans la
Valachie, et la Turquie se trouva assurée sur le Danube.
Le rôle défensif de la France était terminé.

Notre régiment était parti de Gallipoli pour Varna
avec les cinquante mille hommes appelés par le général
de Saint-Arnaud. Nous nous attendions à rencontrer bientôt les Russes ; leur retraite précipitée nous enleva l'occasion de brûler notre première amorce. Nous regrettions
vivement ce contre-temps, car le choléra et les fièvres
avaient fait dans nos rangs des vides cruels, et, malgré
la fermeté et l'abnégation que tous avaient montrées au
milieu de ces épreuves, nous préférions la mort du
champ de bataille. Pendant que nous nous demandions
quand viendrait enfin le jour de prendre l'offensive, une
nouvelle importante nous arriva.

La France et l'Angleterre avaient résolu d'attaquer la
Russie sur les deux points où elle donne prise aux puissances occidentales : la mer Baltique et la mer Noire.
Une flotte anglaise, commandée par l'amiral Napier,
était partie dès le 11 mars, pour la Baltique; une flotte
française l'avait rejointe le 13 juin, et toutes deux s'é-
taient portées devant Cronstad, où elles avaient bloqué
la flotte russe. Mais l'attaque de cette forteresse était impossible ; les navires ne pouvaient en approcher. Les alliés se retournèrent contre les îles d'Alan et songèrent à
détruire la forteresse de Bomarsund. Un corps de troupes françaises, commandé par le général Baraguay

d'Hilliers, reçut l'ordre de s'embarquer à cet effet sur des navires anglais.

L'Empereur voulut lui-même prendre congé du général et de la division. Il quitta Paris le 4 juillet, à deux heures, et le lendemain il passa à Boulogne la revue des troupes, à qui il adressa la proclamation suivante :

« Soldats !

» La Russie nous ayant contraints à la guerre, la France a armé cinq cent mille de ses enfants. L'Angleterre a mis sur pied des forces considérables. Aujourd'hui nos flottes et nos armées, unies pour la même cause, vont dominer dans la Baltique comme dans la mer Noire. Je vous ai choisis pour porter les premiers nos aigles dans ces régions du Nord. Des vaisseaux anglais vont vous y transporter, fait unique dans l'histoire, qui prouve l'alliance intime de deux grands peuples et la ferme résolution de deux gouvernements de ne reculer devant aucun sacrifice pour défendre le droit du plus faible, la liberté de l'Europe et l'honneur national !

» Allez, mes enfants ! l'Europe attentive fait ouvertement ou en secret des vœux pour votre triomphe. La patrie, fière d'une lutte où elle ne menace que l'agresseur, vous accompagne de ses vœux ardents, et moi, que des devoirs impérieux retiennent encore loin des évènements, j'aurai les yeux sur vous; et bientôt, en vous revoyant, je pourrai dire : ils étaient les dignes fils des vainqueurs d'Austerlitz, d'Eylau, de Friedland et de la Moscowa. Allez ! Dieu vous protège ! »

Après le défilé, ils se mirent en marche vers Calais et les

communes environnantes, afin d'être prêts pour l'embar-
quement. La division partit le 46 juillet, débarqua le 8
août non loin de la forteresse, devant laquelle le génie,
sous la direction du général Niel, commença les opérations.

Cette forteresse, construite sur la plus grande des îles
Aland, se composait d'un vaste ouvrage demi-circulaire,
élevé sur le bord de la mer et percé de deux rangées d'em-
brasures, au nombre de cent huit. Trois forts détachés,
couronnant les hauteurs, au-dessus et en face du principal ouvrage de défense, complétaient le système de forti-
fications, qui était réellement redoutable : non seulement, en effet, les batteries étaient admirablement ser-
vies par une garnison nombreuse, décidée à montrer de
l'énergie et du courage, mais encore le granit des murailles offrait une résistance puissante au boulet et à la
bombe. Pour plus de sûreté contre les efforts des bombes,
les Russes avaient garni la surface supérieure d'une partie de trois ou quatre pieds de sable. En dépit de ces
obstacles, l'action combinée de l'infanterie et de l'artillerie des vaisseaux annonça, le 16, la reddition de cet
important établissement militaire, qui assurait à la
Russie la domination dans la Baltique et était une menace pour la Suède. L'approche de l'hiver obligea les
flottes à se retirer. C'était à l'autre extrémité de l'empire
moscovite que les grands coups devaient être frappés.

CHAPITRE VII.

Guerre de Crimée : bataille de l'Alma. — Mort du maréchal de Saint-Arnaud. — Ses obsèques à Paris.

Les troupes concentrées à Varna et aux environs attendaient avec impatience l'ordre du départ. Le 25 août, le maréchal de Saint-Arnaud adressa à l'armée française une proclamation qui fut accueillie avec enthousiasme. Le maréchal s'exprimait ainsi :

» Soldats !.

» Vous venez de donner de beaux spectacles de persévérance, de calme et d'énergie au milieu des circonstances douloureuses qu'il faut oublier.

» L'heure est venue de combattre et de vaincre. L'ennemi ne nous a pas attendus sur le Danube. Ses colonnes démoralisées, détruites par les maladies, s'en éloignent péniblement. C'est la Providence, peut-être, qui a voulu nous épargner l'épreuve de ces contrées malsaines; c'est elle aussi qui nous appelle en Crimée, pays salubre com-

me le nôtre, et à Sébastopol, siége de la puissance
russe, dans ces murs où nous allons chercher le gage de
la paix et de notre retour dans nos foyers. L'entreprise
est grande et digne de vous. Vous la réaliserez à l'aide du
plus formidable appareil militaire et maritime qui se vit
jamais. Les flottes alliées, avec leurs trois mille canons
leurs vingt-cinq mille braves matelots, vos émules et vos
compagnons d'armes, porteront sur la terre de Crimée
une armée anglaise, dont vos pères ont appris à respecter la
haute valeur, une division choisie de ces soldats ottomans
qui viennent de faire leurs preuves à vos yeux, et une
armée française que j'ai le droit et l'orgueil d'appeler
l'élite de notre armée toute entière.

» Je vois là plus que des gages de succès; j'y vois le
succès lui-même.

» Généraux, chefs de corps, officiers de toutes armes,
vous porterez et vous ferez passer dans l'âme de vos soldats la confiance dont la mienne est remplie.

» Bientôt nous saluerons ensemble les trois drapeaux
réunis flottants sur les remparts de Sébastopol de notre
cri national : «*Vive l'Empereur !* »

Les troupes furent embarquées dans les premiers jours
de septembre. Cinq cents bâtiments de commerce, chargés du matériel, suivaient les vaisseaux qui portaient les
trois armées. Cet immense convoi, qui couvrit la mer à
perte de vue, cingla vers la Crimée. L'attaque du port
fameux qu'on regardait avec raison comme le siége de la
puissance russe dans la mer Noire était résolue. Les forces alliées se composaient d'environ quatre-vingt mille
hommes.

Les flottes parurent devant Eupatoria dans la soirée

du 13; la traversée avait été magnifique, et pas un bâti-
ment n'avait fait fausse route. Il n'y avait dans la
ville que deux cents soldats. Il fut convenu qu'on lèverait
l'ancre à minuit, et qu'on irait débarquer à quatre lieues
plus au sud, à une distance de huit lieues de Sébastopol.
A une heure, toutes les escadres se mirent en marche; le
matin, les navires n'étaient point encore mouillés que
les troupes étaient dans les chalands et les embarcations,
et que les premiers soldats sautaient à terre; ce jour-là-
même, les spahis enlevèrent un poste russe, commandé
par un sergent. La terreur régnait dans Sébastopol, le
maréchal donna l'ordre de marcher vers l'Alma.

Les alliés arrivèrent le 19 sur les bords de cette rivière.
Le cours en est sinueux et encaissé, et elle a des accès
difficiles et rares. Les russes avaient établi dans le fond
de cette vallée, couverte d'arbres, de jardins et de maisons, ainsi que dans le village de Bourlouck, une masse
de tirailleurs, armés de carabines de précision; toutes
les hauteurs étaient garnies de redoutes et de batteries
formidables; l'armée ennemie comptait quarante-mille
baïonnettes, six mille chevaux, cent-quatre-vingt pièces
de canon de campagne et de projection. Le prince Menschikoff commandait en personne.

Le 20, dès six heures du matin, le maréchal fit opérer par la division Bosquet, renforcée de huit bataillons
turcs, un mouvement tournant qui enveloppait les Russes; ce mouvement, accompli avec autant d'intelligence
que de bravoure, assura le succès de la journée. A midi
et demi, au moment même où la tête de la colonne
Bosquet paraissait sur les hauteurs, l'armée alliée arrivait sur l'Alma et était reçue par un feu terrible de

tirailleurs ; la rivière ne fut pas moins traversée au pas
de charge: Le prince Napoléon, à la tête de sa division,
s'empara du gros village d'Alma, sous le tir des batteries russes ; notre artillerie s'avança; la première ligne
fut lancée à travers les jardins ; chacun passa où il put, et
nos colonnes gravirent les hauteurs, en dépit de la mousqueterie et du canon. Les crêtes furent couronnées, la seconde ligne fut lancée pour appuyer la première ; l'artillerie de réserve se porta à son tour en avant, et les
bataillons ennemis, refoulés sur le plateau, échangè-
rent avec nous une fusillade et une canonnade qui se
terminèrent par leur retraite définitive. La nuit approchait; le maréchal campa sur le champ de bataille, pendant que l'ennemi disparaissait à l'horizon, laissant le
terrain jonché de blessés et de morts.

L'Armée anglaise avait, de son côté, franchi la rivière
et rencontré une résistance solidement organisée ; il lui
avait fallu soutenir un combat des plus vifs, qui lui avait
fait le plus grand honneur : lord Raglan, au milieu des
boulets et des balles, avait été d'une bravoure antique,
conservant le calme qui ne l'abandonnait jamais.

Le maréchal installa sa tente sur l'emplacement même
de celle qu'occupait le matin le prince Menschikoff ; le
général russe se croyait tellement sûr de la victoire qu'il
avait arrêté sa voiture en cet endroit; sa correspondance
fut saisie. Dans son rapport à l'Empereur, le commandant en chef se plut à signaler la belle conduite des généraux Bosquet, Canrobert et Thomas ; les deux derniers
avaient été blessés. Ce rapport se terminait par ces mots:
« L'artillerie russe nous a fait du mal, mais la nôtre
lui est bien supérieure ; je regretterai toute ma vie de

ne pas avoir eu seulement deux régiments de chasseurs d'Afrique. Les zouaves se sont fait admirer des deux armées; ce sont les premiers soldats du monde. »

Le soir, quand les troupes furent au bivouac, les hommes attachés au service des ambulances parcoururent le champ de bataille pour recueillir les blessés et leur donner les premiers soins. Je m'étais battu comme un lion, j'ose le dire, bien que je visse le feu pour la première fois; mais, vers la fin de la journée, une balle m'avait atteint à l'épaule, et j'étais tombé sans connaissance, perdant le sang par ma blessure. Un infirmier m'aperçut étendu sans mouvement. Persuadé que j'étais mort, il dit à son camarade : « En voilà encore un qui ne reverra pas la France ! » et il allait passer outre quand Fidèle, qui se tenait couché derrière moi, se dressa soudain et se mit à pousser des cris plaintifs. Les gémissements de la pauvre bête frappèrent le soldat. Il s'approcha de moi et, trouvant que le cœur battait encore, il appela un chirurgien, qui me fit transporter aussitôt à l'ambulance. Ma blessure n'avait heureusement rien de grave, et, dès le lendemain, je pus remercier ceux à qui je devais la vie. La prédiction de M. Marsal s'était réalisée. Je remerciai Dieu de sa protection, puis j'écrivis au digne commandant pour l'informer de notre victoire et aussi de ce dont j'étais redevable à mon chien : Au bout de quelques jours, j'avais repris mon rang dans ma compagnie, et nous nous remettions en marche. Le corps expéditionnaire se dirigeait sur Sébastopol.

Nous avions remporté à l'Alma un magnifique succès; mais notre joie fut bientôt troublée par la perte de celui qui en était l'auteur. Tout le monde, en lisant le second rapport du maréchal, adressé au ministre de la guerre, avait remarqué ces paroles, empreintes d'un triste pressentiment : « Ma santé est toujours la même; elle se soutient entre les souffrances, les crises et le devoir. Tout cela ne m'empêche pas de rester douze heures à cheval les jours de bataille... Mais les forces ne me trahiront-elles pas? » Nous apprîmes bientôt qu'il avait remis le commandement au général Canrobert et fait ses adieux à l'armée. Il rendit le dernier soupir le 29, à bord du *Berthollet*, qui le ramenait à Constantinople.

Un décret impérial du 11 octobre ordonna que les funérailles du maréchal seraient célébrées, aux frais du trésor public, dans la chapelle des Invalides, et que ses restes seraient inhumés dans les caveaux de cette église. Ce jour-là même, le cercueil contenant son corps arriva à Marseille : il était accompagné de madame la maréchale et de plusieurs officiers supérieurs. Il fut reçu dans la matinée du 16, à Paris, et transporté aux Invalides avec la plus grande solennité. Une foule immense, grave et recueillie, stationna, pendant toute la durée du service, aux alentours et sur l'esplanade, s'associant du fond du cœur aux prières que l'Église adressait à Dieu pour celui qui avait su mourir en héros.

3.

CHAPITRE VIII.

—

Guerre de Crimée : Bataille d'Inkermann. — Souffrances des armées
alliées pendant l'hiver.

Vainqueurs à l'Alma, les alliés s'emparèrent du por
de Balaklava, mouillage important pour les escadres et
port d'approvisionnement. Le 28 septembre, ils s'avancèrent de cette ville sur Sébastopol. On croyait la place
peu fortifiée du côté de la terre ; mais, depuis le commencement des hostilités, les Russes avaient fait devant
des travaux sérieux. Le général Canrobert et lord Raglan
reconnurent qu'un coup de main serait impossible. On se
décida à entreprendre un siége qui allait devenir une des
opérations les plus laborieuses qu'on eût rencontrées
depuis long-temps. On n'avait pas assez de troupes pour
investir la place, que les Russes ne cessaient de ravitail-
ler ; il fallait creuser des tranchées dans un terrain qui
devenait du roc à mesure qu'on approchait des murs ; les
alliés, à cinq cents lieues de leur pays, attendaient, le
plus souvent, leur matériel et leurs provisions, livrés à

la merci des vents impétueux qui soufflaient dans la mer Noire. De plus, on avait affaire à une garnison de cinquante mille hommes, et l'entrée du port était barrée de façon que les navires ne pouvaient guère tenter d'y pénétrer. Des vaisseaux avaient été coulés par les Russes, de manière à former des barricades, composées chacune de deux bâtiments, et entre lesquelles restait un étroit passage fermé provisoirement par des chaînes. La partie des vaisseaux qui s'élevait au-dessus de l'eau avait été chargée de poix et de matières inflammables, auxquelles on devait mettre le feu si les navires alliés essayaient de franchir l'obstacle.

La tranchée fut ouverte dans la nuit du 9 au 10 octobre, et bientôt deux cents pièces de siége battirent en brèche les remparts. Deux forts extérieurs furent détruits, mais les alliés n'étaient pas délivrés de l'armée russe qui tenait la campagne. Le 25 octobre, le général Liprandi apparut sur les hauteurs de Balaclava et en chassa les Turcs ; la cavalerie anglaise le contraignit à reculer.

A quelque temps de là, le 5 novembre, par un brouillard épais, les Russes venaient de reprendre leur feu quand nous entendîmes au loin une fusillade inaccoutumée, dont le bruit allait sans cesse en augmentant. Nous sûmes bientôt que les deux armées de secours et d'observation s'attaquaient. Il était quatre heures du matin. Vers neuf heures, d'autres détonations retentirent sur notre gauche, dans la direction de nos premières batteries. C'était un engagement général autour de nos tranchées. Voici ce qui s'était passé.

L'armée de secours avait reçu des renforts considérables, amenés par les deux fils de l'empereur Nicolas, et elle s'était jetée, avant le jour, sur les deux divisions anglaises qui liaient à l'armée de siége la gauche de nos lignes de circonvallation. Nos alliés, surpris un moment dans leur camp, mais promptement secondés par la division Bosquet, avaient repoussé cette attaque avec une vigueur qui faisait de cette journée le pendant de celle de l'Alma. Quarante mille hommes environ devaient combattre. La charge à la baïonnette des zouaves avait été affreuse pour l'ennemi, qui avait repassé la Tchernaïa dans un désordre complet, laissant sur le terrain quatre mille morts ou blessés.

D'autre part, quatre ou cinq mille Russes, favorisés par la brume et par le couvert du ravin, s'étaient portés sur deux batteries construites à 12,000 mètres environ de la place. C'était le moment où l'on relevait la garde de tranchée, et celle du point d'attaque était fournie par la légion étrangère. Cette légion dut un instant, devant des forces supérieures, évacuer les batteries, dont quelques pièces furent enclouées. Mais ensuite, se ralliant bravement aux gardes de tranchée, autour du général de la Motterouge, elle se précipita avec la division Forey tout entière, la brigade de Lourmel en tête, sur les Russes, qui furent mis en déroute et poursuivis, la baïonnette dans les reins, jusqu'au seuil même de la porte voisine du bastion de la Quarantaine. Quelques-uns de nos vaillants soldats étaient déjà engagés dans cette porte, et Sébastopol était peut-être à nous, quand une violente décharge des remparts vint renverser le général de Lourmel, qui commandait ce beau retour offensif. Le général Forey fit alors sonner la retraite.

Tel fut le second acte de cette mémorable journée du 5 novembre. Les Russes avaient laissé dans nos batteries trois cents cadavres, auxquels les nôtres donnèrent immédiatement la sépulture. Là, comme à la Tchernaïa, on s'était attaqué avec un acharnement inouï à la baïonnette. Malheureusement, l'artillerie russe, contre laquelle l'intrépidité française était impuissante, nous avait tué ou blessé plusieurs milliers d'hommes. Mais c'était une victoire complète qu'ils avaient payée de leur vie ou de leur sang. « Ah! si le brave de Lourmel n'avait pas été frappé d'une balle, disait-on de toute part, nous serions à Sébastopol! » L'exaltation des troupes était à son comble.

Je m'étais montré très-ardent à poursuivre les Russes, et l'on m'avait remarqué surtout à cause du chien qui m'accompagnait : Fidèle et moi nous ne reculions pas d'une semelle quand l'ennemi, faisant tout-à-coup volte-face, essayait parfois de tenir tête à ceux qui le menaient battant. Les officiers de mon bataillon, témoins de mon sang-froid et de mon courage, me signalèrent au colonel. Le soir, sous la tente, mes camarades se plaisaient à rendre justice à ma valeur, et moi, je souriais de les entendre. » Je ne comprends pas, leur dis-je, que ma conduite vous étonne à ce point ; d'après vous, j'aurais été, aujourd'hui, un héros!

— Et, c'est la vérité, reprit un vieux sergent, dont la moustache commençait à blanchir. J'ai assisté à bien des affaires en Afrique ; je sais ce que c'est que d'aller au feu, et je soutiens qu'il est impossible de mieux se battre. Du reste, ajouta-t-il, cela ne m'étonne pas. Quand un soldat — j'ai été bien des fois à même d'en juger —, a eu soin, en entrant en campagne, de régler ses comptes avec Dieu, il n'est pas rare qu'il fasse des prodiges.

— Quoi! m'écriai-je, vous savez ?

— Oui, oui, camarade, reprit le sergent, je vous ai vu
à l'église la veille de notre départ de Toulon , et j'ai eu
tout de suite l'idée que vous seriez, à l'occasion , aussi
intrépide que pieux.

Un loustic de l'escouade s'avisa de sourire ; le sergent
lui lança un regard foudroyant, et le jeune étourneau se
tint pour averti. A partir de ce moment, tous eurent pour
moi une sorte de déférence.

Quelques jours après, le 14 , une tempête maltraita
horriblement nos navires dans la mer Noire. Nous perdî-
mes le *Henri IV* et le *Pluton* , dont les équipages furent
heureusement sauvés. Le vaisseau amiral la *Ville-de-Pa-
ris* et le *Friedland* eurent leur gouvernail emporté. Plusieurs transports français, porteurs de bestiaux pour
l'armée, se brisèrent à la côte, entre le Bosphore et Varna. Après l'ouragan , les Russes arrivèrent comme des
vautours sur la plage de Kutcha , dans l'espoir de piller
les navires naufragés, mais on les repoussa à coups de
canon. D'autres vinrent tirer sur le *Henri IV* ; l'équipage,
resté à bord, les laissa approcher et leur lança, au bon
moment, une bordée qui leur ôta l'envie de tenter une
seconde fois l'épreuve.

Un hiver rigoureux survint. Les pieds dans la boue ou
dans la neige, exposés aux rafales d'un vent glacial ,
obligés de creuser et de garder les tranchées et de répondre au feu de l'ennemi , nous étions accablés de fatigues
extrêmes qui ne contribuaient pas peu aux progrès du
choléra et de la dyssenterie. Les Anglais souffraient surtout, moins habitués que nous aux privations. Ni les uns
ni les autres cependant ne perdaient leur gaîté et leur
énergie. Les deux gouvernements de France et d'Angle-

terre faisaient, du reste, tous leurs efforts pour améliorer notre situation. Des vêtements chauds et des couvertures nous furent expédiés pour nous préserver, autant que possible, contre les rigueurs de la saison, et, tandis que nous avions pour nous abriter des tentes et des maisons en bois, les Russes campaient sur les hauteurs, où le froid est naturellement plus vif, privés d'habillements fourrés et de bonne nourriture. Le général Canrobert adoucit de son mieux les souffrances des troupes et mérita leur affection. Les Sœurs de Charité se dévouaient, comme toujours, au soin des blessés et des malades, et la nation, en multipliant les envois de vêtements, de vivres et de conforts, s'associait à la sollicitude de l'Etat pour l'armée.

CHAPITRE IX.

Guerre de Crimée : Affaire d'Eupatoria. — Enlèvement de plusieurs redoutes. — Mort de l'empereur Nicolas. — Le général Pélissier, commandant en chef de l'armée française.

Au commencement du mois de janvier 1855, le temps était des plus mauvais. Les travaux du siége ne se poursuivaient pas moins, et ils se consolidaient de jour en jour. Les deux armées s'aidaient mutuellement. Nous rece-

vions déjà une partie des objets envoyés de France, et
nous supportions aussi plus facilement le froid et surtout
la pluie, qui nous pénétrait jusqu'à la moelle des os. Des
souscriptions avaient été ouvertes sur tous les points du
territoire, et l'on pouvait envoyer en Crimée du linge,
de la charpie, des gilets de flanelle, des bas de laine, du
sucre, du café, du tabac. Sous le rapport de l'ordinaire,
nous ne nous plaiguions pas : notre nourriture se composait assez souvent de soupe et de viande, de lard salé,
de pommes de terre et de haricots ; nous ne manquions
que de bois de chauffage. Ce qu'il nous fallait, c'était la
température du printemps et l'occasion de rencontrer les
Russes. En attendant ce moment si désiré, on continuait
d'ouvrir la tranchée avec courage ; le 13 janvier, on était
arrivé à une petite distance des murs.

Il se passait parfois des faits assez singuliers. Nos
hommes allaient confectionner des gabions dans un bois
situé tout près d'une porte russe. Quand nos corvées arrivaient, l'ennemi se retirait et les laissait travailler tranquillement. Un soldat eut un jour l'idée de les remercier
de cette politesse. Le 1er février, il planta un bâton en
terre et fixa à l'extrémité un biscuit. Le lendemain, le
biscuit avait disparu, et les Russes avaient mis à la place
un petit pain blanc parfaitement frais. Les nôtres, pour
ne pas rester en arrière de leurs bons procédés, et aussi
pour leur prouver qu'on avait de tout au camp, rempla-
cèrent le petit pain par une bouteille de bordeaux. La
gaîté et le bon cœur du troupier français se montraient
encore dans cette circonstance.

Pendant ce temps-là, les troupes ottomanes débarquè-
rent à Eupatoria. Elles devaient, à un moment donné,

s'avancer de ce port vers l'Alma et le Belbeck, en demeurant sous la protection des flottes. Omer-Pacha les commandait. Dans la nuit du 16 au 17 février, les Russes
tentèrent un mouvement sur cette ville, qui menaçait
d'être un obstacle puissant pour la retraite et devait
servir de point d'appui pour les opérations offensives.
Ils croyaient avoir facilement raison d'une garnison récemment installée. Profitant de l'obscurité, ils établirent autour des murs une sorte de parallèle non continue, formée de levées de terre destinées à couvrir leur
artillerie et leurs artilleurs. Le lendemain matin, à cinq
heures, quatre-vingt pièces de canon ouvrirent le feu;
vingt cinq mille hommes étaient rangés derrière elles.
Après une canonnade de deux heures, cinq bataillons
d'infanterie s'avancèrent jusqu'à cinq cents mètres des
retranchements, abrités par les pans de murs d'un
vieux cimetière, puis deux de ces bataillons furent lancés
en avant. Arrivés à vingt mètres du fossé, cette colonne
fut reçue par une vive fusillade et recula. Ramenée une
première fois à l'attaque, elle fut repoussée à la baïonnette, pendant que la cavalerie la chargeait en flanc.
Dans cet intervalle, la canonnade avait continué sur
toute la ligne. A dix heures, les Russes battaient en retraite. Les deux cents Français qui se trouvaient dans la
place avaient pris une part honorable à la lutte ; ceux de
nos navires qui étaient en rade avaient également contribué à la défense par un tir très-habilement dirigé.

Ce fut bientôt à notre tour d'attaquer les Russes. Le
général en chef tenait à enlever une redoute placée entre
la tour Malakoff et nous, un peu sur la droite. Dans la
nuit du 23, deux bataillons de zouaves, un bataillon d'in

fanterie de marine et quelques ouvriers se mirent en route sous les ordres du général Monet. On se dirigea, dans le plus profond silence, vers la position des Russes. Des deux bataillons de zouaves, l'un prenait la droite, l'autre la gauche de l'attaque; le front de l'ennemi était réservé à l'infanterie de marine.

Arrivés près de la redoute sans avoir été signalés, les zouaves s'arrêtèrent un moment. Les regards fouillèrent l'obscurité; une ligne sombre se dessinait en avant de la redoute, dans la direction du front. Le général Monet, certain d'être appuyé, marcha en avant. A son signal, les zouaves se précipitent sur les Russes, qui les reçoivent avec une fusillade terrible. Sans se laisser arrêter par cet obstacle, ils s'élancent sur les épaulements et entrent de vive force dans la redoute; une mêlée affreuse s'engage à l'arme blanche. Les Russes se retirent et s'enfuient vers la ville, incapables de soutenir le choc de nos soldats; leurs pièces sont enclouées et démontées.

L'œuvre accomplie, il fallut s'éloigner en toute hâte; il était impossible de conserver cette position, exposée comme elle l'était au jeu des canons de la flotte russe. De plus, toute la garnison était sous les armes; on entendait distinctement les cloches et les tambours de Sébastopol. L'ordre du départ fut donné. Le général Monet s'était conduit en héros, ainsi que ses zouaves. Quant à l'infanterie de marine, trompée par l'obscurité, elle s'était égarée dans des chemins creux, et elle n'avait pu arriver assez tôt sur les lieux pour prendre une part sérieuse à cette brillante affaire. On profita immédiatement du succès pour pousser les cheminements.

On prétend que le revers d'Eupatoria fut ce qui tua l'empereur Nicolas ; il était déjà profondément attristé de cette guerre, dans laquelle il perdait le fruit de vingt-cinq années de diplomatie, d'organisation et de conquêtes. Il mourut presque subitement le 2 mars. Son fils Alexandre lui succéda sous le titre d'Alexandre II.

Les généraux avaient fini par reconnaître que la clef du système de défense de la place était la tour Malakoff ; de là une première attaque de ce côté. Le bombardement général commença bientôt. Le 8 avril, toutes les batteries ouvrirent leur feu contre les redoutes de l'ennemi, de manière à démonter ses canons et à pratiquer la brèche. Le 30, il fut décidé qu'on tenterait un mouvement sur le bastion du Mât. La nuit suivante, le général Pélissier se mit en marche au moment où la lune, éclairant très-vivement, permettait d'opérer avec ordre ; les troupes s'avançaient, divisées en trois colonnes. Le général prit position devant le bastion, et les ouvrages des Russes furent enlevés à la baïonnette. Nos soldats élevèrent aussitôt des travaux à la sape. Le lendemain, à trois heures de l'après-midi, l'ennemi fit une sortie et se jeta sur nos retranchements ; mais, après avoir vainement essayé de les emporter d'assaut, il se retira, abandonnant sur le terrain un grand nombre de morts. Ce nouveau succès nous fit avancer d'un bond de cent cinquante mètres vers le bastion central.

Le beau temps était venu, et avec lui l'espérance renaissait dans nos cœurs. C'est à ce moment, lorsque les travaux les plus considérables étaient accomplis, les épreuves les plus périlleuses traversées, que le général Canrobert, épuisé par les fatigues d'un commandement

exercé dans des circonstances si difficiles et sous le poids
d'une si grande responsabilité, renonça à l'autorité avec
une résignation et une modestie véritablement admira-
bles. C'était là un trait de patriotisme digne de l'antiquité. L'histoire nous montre Scipion l'Africain servant
en qualité de lieutenant sous le consul Lucius, son frère;
mais ce fait s'explique par les liens du sang : il n'a rien
de comparable à l'acte du général Canrobert, sollicitant
lui même un emploi secondaire dans l'armée placée sous
ses ordres. Le général Pélissier lui succéda le 16 mars
dans la conduite du siége, qu'il poussa avec une extrème
vigueur.

Dans la nuit du 22 au 23, des ouvrages construits entre
le bastion central et la baie de la Quarantaine, furent attaqués avec énergie, mais on ne put se rendre maître que
de la moitié des travaux. La nuit suivante, un nouvel
élan de nos soldats acheva l'œuvre commencée. Le résultat de ces attaques inaugurait d'une façon brillante le
commandement du général Pélissier. En même temps,
la place était resserrée de plus en plus, et le siége se continuait méthodiquement. Le 25, une expédition s'empara
de Kertch et d'Iéni-Kalé, détruisit d'immenses magasins
de l'armée russe et enleva à la garnison de Sébastopol
un de ses principaux points de ravitaillement. Le 3 juin,
l'escadre alliée remonta la mer d'Azof jusqu'à Taganrog
et bombarda cette ville. Le 13, une garnison turque occupa Anapa, sur la côte de Circassie.

CHAPITRE X.

Guerre de Crimée : Siége de Sébastopol. — Prise du Mamelon-Vert. —
Attaque infructueuse de la tour de Malakoff. — Victoire de Trakir

Les alliés marchaient de succès en succès. Le 7 juin,
à six heures et demie, le général Pélissier donna, de la
redoute Victoria où il s'était établi avec son état-major,
le signal de l'attaque décidée contre la redoute du Mamelon-Vert et contre celle du Carénage ; les Anglais devaient attaquer de leur côté l'ouvrage dit des Carrières.
Nos soldats franchirent au pas de course la distance qui
les séparait des redoutes ; ils y pénétrèrent sous une
pluie de balles et de boulets, et s'y établirent contre les
retours offensifs que l'ennemi exécutait constamment.
Une heure après le commencement de cette lutte, qui,
suivant l'expression du commandant en chef, restera
l'un des plus glorieux épisodes d'une guerre féconde en
grands événements militaires, nos drapeaux flottaient
sur les trois redoutes. Soixante-deux pièces de canon
étaient tombées en notre pouvoir, et nous avions fait

quatre cents prisonniers. Les alliés avaient enlevé avec la même vigueur l'ouvrage des Carrières. Une fois que les redoutes seraient armées et mises en bon état de défense, l'ennemi ne pouvait plus risquer de ces sorties qui, dans un cas déterminé, auraient compromis les travaux du siège et même nos ports de Kamiek et de Balaclava.

L'ardeur des soldats était telle depuis la conquête des ouvrages extérieurs du 7, que le général Pélissier crut devoir ordonner un assaut décisif contre la tour Malakoff. Les Anglais s'étaient chargés de forcer le grand redan, et nous nous devions emporter Malakoff, le redan du Carénage et les retranchements qui couvraient cette extrémité du faubourg. Trois divisions françaises étaient désignées pour prendre part au combat. Il fut convenu que le commandant en chef donnerait le signal pour le mouvement des troupes de la batterie Lancastre, au moyen de fusées à étoiles. Une fatalité inconcevable fit échouer l'entreprise.

Le général était encore à mille mètres du point d'où les fusées devaient s'élever quand une mousqueterie ardente, entrecoupée de coups de mitraille, l'avertit que l'affaire était chaudement engagée vers la droite. Le général Mayran, un peu après trois heures, avait cru voir le signal dans une bombe à trace fumante, lancée de la redoute Mancion, et il avait ordonné de commencer l'attaque. Une pluie de balles et de mitraille arrêta bientôt ses têtes de colonnes, et lui-même fut emporté blessé du champ de bataille. Le signal partit de la batterie Lancastre, et les autres troupes s'engagèrent pour appuyer le mouvement prématuré de la division Mayran, dont le général Failly avait pris le commandement. Ce fut en vain. Le manque de simultanéité dans l'attaque permit aux Russes de nous accabler avec les réserves du grand Redan, que les Anglais n'avaient pu prendre, et nos pertes furent relativement fortes. Ce malheureux assaut nous coûta trois mille hommes, il excita dans tous les cœurs le désir d'une éclatante revanche. Le 28 juin, le général en chef de l'armée anglaise, lord Raglan, succomba à une attaque de choléra ; son commandement passa au général Simpson. La mort avait frappé les deux hommes qui avaient conduit en Orient les armées alliées.

Quatre puissances étaient alors liguées contre la Russie : la France, l'Angleterre, la Turquie et le Piémont, qui avait signé avec les trois premières un traité d'alliance offensive et défensive, le 26 janvier 1855. L'Autriche n'avait signé qu'un traité défensif. Le Piémont avait envoyé en Crimée dix-huit mille hommes, qui étaient arrivés dans le courant de mai et de juin. Les Sardes furent placés en observation le long de la Tchernaïa. Dans les premiers jours d'août, des bruits d'attaque de la part des Russes éveillèrent l'attention du général Pélissier. Le 16, au point du jour, ils réalisèrent, en effet, un projet contre nos lignes de la Tchernaïa ; mais, malgré le déploiement de masses imposantes réunies pendant la nuit, ils furent repoussés avec vigueur par les Sardes et par quatre de nos divisions. Les Piémontais furent les premiers qui virent déboucher les profondes colonnes russes et qui eurent, les premiers aussi, à supporter le feu de l'ennemi ; ils y répondirent énergiquement, et, soutenus par les Français, ils empêchèrent les Russes de forcer la rivière. L'ennemi s'enfuit en désordre, après avoir éprouvé des pertes sérieuses. Le combat du pont de Trakir fit le plus grand honneur aux Piémontais, dignes émules des vainqueurs de l'Alma.

CHAPITRE XI.

Guerre de Crimée : Prise de Sébastopol. — *Te Deum* à l'église Notre-Dame. — Entrée d'une partie des troupes dans Paris. — Congrès.

Sans inquiétude désormais pour l'armée qui tenait la campagne, les alliés résolurent de ne plus différer l'attaque définitive du système Malakoff. Cet ouvrage couronnait un mamelon qui dominait la ville. Depuis le 8 juin, les travaux poussés avec activité et de nouvelles batteries enserraient de plus en plus la tour Malakoff dans un cercle de fer. Le 5 septembre, commença un bombardement terrible, secondé par l'artillerie des vaisseaux. Il dura trois jours. Le 7, les dispositions furent prises au quartier général français pour attaquer toute la ligne ennemie depuis Malakoff jusqu'à la pointe du Carénage ; les Anglais devaient marcher contre le redan, et tout le corps de siége participer à ce mouvement immense. A défaut de fusils, les Russes, qui se font tuer sur place, s'arment de pioches, de pierres, d'écouvillons. Il y eut là un de ces combats émouvants où l'intrépidité des nôtres et de leurs chefs pouvait seule donner le dessus. Ils s'élancent aussitôt dans l'ouvrage, refoulent les Russes qui continuent de résister, et, peu d'instants après, le drapeau de la France était planté sur Malakoff pour ne plus en être abattu ; il fut salué, aux acclamations de l'armée, par le feu de l'artillerie tonnant des hauteurs.

Mais il nous fallut longtemps pour rester maîtres de l'ouvrage. Ce terrible combat de trois heures n'avait pas épuisé l'énergie de l'ennemi. Les Russes firent avancer des troupes fraîches et, prenant l'offensive, se précipitèrent sur nos nouvelles positions avec une remarquable vigueur. Partout ils trouvèrent une résistance opiniâtre, et l'artillerie ne cessa de causer d'affreux ravages dans leurs rangs épais. Ils furent forcés de se retirer avec des pertes énormes. Une nouvelle tentative, dans laquelle ils déployèrent une ténacité et une audace qui tenaient du désespoir, vint se briser contre le sang-froid admirable de nos soldats. Il était cinq heures du soir. Les Russes, en s'éloignant, firent sauter les mines qu'ils avaient préparées partout, et, après avoir incendié la ville, passèrent le pont qui descendait au nord de la rade. Notre armée ne put leur couper la retraite; il eût fallu qu'elle s'engageât au milieu des explosions qui bouleversaient les travaux de l'ennemi. Le grand résultat était obtenu : Sébastopol nous appartenait.

Tandis que nous emportions la position de Malakoff, les Anglais attendaient impatiemment le moment d'agir contre le grand redan. Ils avaient deux cents mètres à franchir sous un terrible feu de mitraille. Cet espace fut bientôt jonché de morts. Ces pertes n'arrêtèrent pas la marche de la colonne d'attaque, qui arrivait en se dirigeant sur la capitale de l'ouvrage; elle descendit dans le fossé profond de cinq mètres, et, malgré les efforts des Russes, elle escalada l'escarpe et enleva le saillant du redan. Mais, après une première lutte, qui coûta cher aux Russes, les soldats anglais ne trouvèrent devant eux qu'un vaste espace entièrement découvert, criblé par les balles de l'ennemi, abrité derrière des traverses éloignées. Ceux qui arrivaient remplaçaient à peine ceux qui étaient mis hors de combat. Ce n'est qu'après avoir soutenu pendant près de deux heures un combat inégal, que les Anglais se décidèrent à évacuer le redan.

L'attaque du bastion central avait présenté le même résultat. Les soldats du premier corps avaient franchi tous les obstacles et abordé bravement l'ennemi, auquel ils avaient fait éprouver d'abord de grandes pertes; mais ensuite, privés de tout abri contre les coups qui les frappaient de diverses directions, ils avaient renoncé à une attaque dans laquelle le général en chef avait prescrit de ne pas s'obstiner.

La nouvelle de ce mémorable évènement eut en Europe un retentissement immense. Des *Te Deum* furent chantés en France dans toutes les églises, et partout on offrit au Dieu des armées de publiques actions de grâces. Le 13 septembre, l'Empereur se rendit en grande pompe à l'église Notre-Dame. Il fut reçu à l'entrée par l'archevêque et le chapitre métropolitain. L'archevêque, après lui avoir présenté l'eau bénite et l'encens, lui adressa ces paroles :

« Sire,

» J'accours pour recevoir Votre Majesté sur le seuil de ce temple auguste, qui tressaille aujourd'hui au bruit de la gloire de la France.

» Que ces solennelles actions de grâces montent vers Dieu pour l'éclatant succès dont il vient de couronner nos armes !

» Tant d'héroïsme recevra bientôt sa récompense. Le grand but que Votre Majesté, d'accord avec ses alliés, poursuit avec tant de fermeté et de sagesse, ne tardera pas à être atteint : une paix glorieuse et solide sera acquise. »

L'Empereur répondit :

« Je viens ici, Monseigneur, remercier le ciel du triomphe qu'il a accordé à nos armes, car je me plais à reconnaître que, malgré l'habileté des généraux et le courage des soldats, rien ne peut réussir sans la protection de la Providence. »

L'enthousiasme était le même en Angleterre et en Italie. Là, comme en France, on comprenait l'importance du résultat obtenu, et l'on ne doutait pas que la Russie ne consentît à signer la paix. Son armée de secours avait été battue deux fois en bataille rangée ; il ne restait plus rien de ce port redoutable, créé à tant de frais, que deux forts

au nord de la rade, et la flotte n'existait plus; de plus,
les alliés avaient pu prendre dans la place quatre mille
bouches à feu, cinq cent un mille boulets et des quan-
tités prodigieuses de mitraille et de poudre. Un coup décisif avait été porté à la Russie. Cependant, comme la
paix n'était pas conclue, une expédition contraignit, le 17
octobre, la garnison de Kinburn, port sur le Dniéper, à
capituler et à nous abandonner le matériel. Le lénde-
main ; les Russes firent sauter Otzaka, situé en face de
Kinburn. Pendant le siége de Sébastopol, les vaisseaux
anglo-français avaient bloqué les côtes de la mer Blanche et celles de la Sibérie; la garnison de Pétropauloski
s'était vue forcée d'évacuer la ville, et les progrès des
Russes sur le fleuve Amour avaient été momentanément
arrêtés.

La garde impériale et plusieurs régiments d'infanterie
de ligne, revenus de Crimée dans le mois de décembre,
firent, le 28, leur entrée solennelle dans Paris. Ils se réu-
nirent à midi sur la place de la Bastille, en tenue de
campagne. L'Empereur, suivi des princes de la famille
impériale, et du ministre de la guerre, se rendit à la
Bastille et harangua ainsi les troupes :

« Soldats,

» Je viens au-devant de vous, comme autrefois le sénat
romain allait aux portes de Rome, au-devant de ses lé-
gions victorieuses; je viens vous dire que vous avez bien
mérité de la patrie.

» Mon émotion est grande, car au bonheur de vous revoir se mêlent de douloureux regrets pour ceux qui ne

sont plus, et un profond chagrin de n'avoir pu moi-même vous conduire.

» Soldats de la garde, comme soldats de la ligne, soyez les bienvenus. — Vous représentez cette armée d'Orient dont le courage et la persévérance ont de nouveau illustré nos aigles et reconquis à la France le rang qui lui est dû. — La patrie, attentive à tout ce qui s'accomplit en Orient, vous accueille avec d'autant plus d'orgueil, qu'elle mesure les efforts à la résistance opiniâtre de l'ennemi.

« Je vous ai rappelés quoique la guerre ne soit pas terminée, parce qu'il est juste de remplacer à leur tour les régiments qui ont le plus souffert. Chacun pourra ainsi aller prendre sa part de gloire, et le pays qui entretient six cent mille soldats, a intérêt à ce qu'il y ait maintenant en France une armée nombreuse et aguerrie prête à se porter où le besoin l'exige.

» Gardez donc soigneusement les habitudes de la guerre, fortifiez-vous dans l'expérience acquise, tenez-vous prêts à répondre, s'il le faut, à mon appel; mais, en ce jour, oubliez les épreuves de la vie de soldat, remerciez Dieu de vous avoir épargnés, et marchez fièrement au milieu de vos frères d'armes et de vos concitoyens dont les acclamations vous attendent. »

Après ces paroles, qui furent chaleureusement applaudies, la colonne se mit en mouvement et suivit la ligne des boulevards jusqu'à la place Vendôme, où devait avoir lieu le défilé; le maréchal commandant en chef de l'armée de l'Est marchait en tête, accompagné de tous les officiers généraux sous ses ordres et de ceux qui n'étaient pas employés et qui avaient voulu se joindre à

lui.. Des bataillons de la garde nationale et les régiments
de l'armée de l'Est formaient la haie sur le parcours.
A la hauteur de la rue de la Paix, les troupes expédi-
tionnaires prirent cette rue pour se rendre sur la place
Vendôme, et là elles défilèrent au fur et à mesure devant
l'Empereur, en présence de l'Impératrice, placée au balcon
du ministère de la Justice.

Un congrès fut réuni à Paris ; les séances s'ouvrirent
le 25 février 1856, à l'hôtel du ministère des affaires
étrangères, et la présidence fut déférée à M. le comte
Walewsky. La Russie consentit à abandonner son protec-
torat sur les provinces danubiennes ; elle accepta la liberté du Danube dans son parcours, la neutralisation
de la mer Noire, et reconnut au sultan le droit d'empêcher toute immixtion dans ses rapports avec ses sujets ;
le traité définitif fut signé le 30 mars ; il faisait reculer
la russie de cinquante ans.

CHAPITRE XII.

Une visite à M. Marsal.

Mon régiment était revenu de Crimée en même temps
que la garde ; je rentrais en France avec le grade de lieutenant et la croix de la Légion-d'Honneur. — En campa-

gne, l'avancement est rapide, surtout quand on assiste. à des affaires comme celles auxquelles j'avais pris part, et qu'au courage on joint l'instruction. — Mais j'avais reçu plusieurs blessures, et ma santé, à la suite de tant de fatigues, paraissait sérieusement atteinte. On m'accorda un congé de six mois.

Mon premier soin, le lendemain de la revue de l'Empereur, fut de m'enquérir de mes amis ; je me rendis rue de Lachaise. Le concierge de la maison où j'espérais embrasser la bonne dame Penhoët et son fils adoptif, m'apprit qu'elle était morte depuis quelques mois. Quant au jeune homme, il était parvenu à entrer dans les bureaux d'un ingénieur du chemin de fer de l'Ouest. Je m'acheminai tristement vers la demeure de M. Marsal. Le vieillard n'avait pas répondu à ma dernière lettre, qui datait déjà de loin, et je craignais aussi de ne plus le retrouver ; mes pressentiments, heureusement, ne se réalisèrent pas : ce fut le commandant lui-même qui m'ouvrit quand je sonnai à la porte de son appartement, et il me serra dans ses bras en versant des larmes.

Que je suis aise de vous revoir ! s'écria-t-il. Hé bien ! mon jeune ami, ne vous avais-je pas prédit la vérité ? La France a vengé les désastres de 1812, et vous nous revenez avec l'épaulette et la croix ! Asseyez-vous, et nous allons causer. J'aurais voulu vous présenter à ma nièce ; elle aussi vous aurait revu et félicité avec bien du plaisir, mais elle est retournée passer plusieurs semaines dans notre chère Bretagne, auprès d'une parente de sa mère, qui l'a appelée ; je lui raconterai aujourd'hui votre arrivée dans la lettre que je compte lui écrire, et elle sera enchantée de savoir que le ciel vous a protégé. A propos de lettre, vous avez dû être surpris de mon silence.

— Surpris et affligé, commandant : vous n'ignorez pas avec quel bonheur on reçoit des nouvelles de la patrie, et je n'avais guère que vous avec qui correspondre; je me demandais si vous oubliiez celui à qui vous vouliez bien témoigner autrefois un peu d'affection.

— J'en étais sûr, dit M. Marsal : il a cru que je ne pensais plus à lui! Détrompez-vous, mon brave lieutenant. Je n'ai pas manqué un seul matin de parcourir les journaux où j'avais chance de trouver le numéro de votre régiment; mais votre dernier épître m'annonçait que vous alliez être détaché, et j'attendais à être mieux renseigné pour vous écrire de nouveau.

A ces mots, il me tendit la main, puis il reprit :

— Que comptez-vous faire maintenant?

— Me reposer. Vous le voyez, j'ai reçu des blessures qui ne sont pas encore guéries, et ma santé réclame des soins. Le docteur pense que l'air du pays natal me remettra, et comme j'ai obtenu un congé de six mois, j'irai revoir ma vieille Armorique. J'ai dans les Côtes-du-Nord un ami de collége chez qui je suis certain d'être bien accueilli. Il habite une maison située sur la côte, et je pourrai passer là tout le temps que je voudrai de la façon la plus agréable. Nous sommes à l'époque de la chasse, la campagne est giboyeuse, nous battrons la plaine ensemble. La pêche me procurera aussi beaucoup de distractions. Nous autres Bretons, mon cher commandant, nous raffolons de cette existence-là; ce qu'il nous faut, comme au Béarnais, c'est la vie active, la vie en plein soleil. Et puis, le soir, assis près du foyer, nous

lirons et nous discuterons pour tromper les heures.
Mériadec, c'est le nom de mon camarade de classe,
ne partage pas toutes mes idées. Les circonstances et
vos conseils, commandant, ont fait de moi un soldat, et
j'aime la carrière des armes ; il a, lui, la guerre en hor-
reur ; mais il m'est très-attaché, et si nous différons
d'opinion et de caractère, nos cœurs, croyez-le, battent à
l'unisson.

— Je me garderai bien de vous engager à ne pas
mettre à exécution votre projet, repartit M. Marsal. Il
n'est rien tel qu'un séjour paisible auprès d'amis sin-
cères et la vue du pays où l'on vécut enfant pour hâter
la convalescence, dans les conditions surtout où M. Mériadec peut vous recevoir. Vous ne ferez pas mal de
partir le plus tôt possible ; ce sera le moyen de revenir
vite à la santé.

— C'est mon intention, lui dis-je, et je vais prendre
dès aujourd'hui congé de vous. Je n'ai aucune affaire qui
me retienne à Paris, mes bagages sont prêts, je serai
demain matin à la gare du chemin de fer de l'Ouest.

Je me levai à ces mots et j'embrassai le bon vieillard.
J'aurais dû peut-être lui parler de madame Penhoët et
de son pupille, mais je craignais de le rendre plus ému
encore qu'il ne l'était quand il me serra la main : je gardai le
silence sur ce point. Il me recommanda de lui écrire
quelquefois ; je le lui promis de grand cœur, et je le
quittai.

4.

CHAPITRE XIII.

Excursion dans les Côtes-du-Nord. — Séjour chez M. Mériadec.

Le lendemain de ma visite à M. Marsal, j'étais à Rennes. Comme rien ne me pressait d'arriver chez mon ami Mériadec, je lui écrivis de cette ville qu'il n'eût pas à compter sur moi avant une quinzaine de jours, mon projet étant de voir, en ma qualité d'artiste, plusieurs villes que je ne connaissais pas.

Je m'arrêtai assez longtemps à Rennes, où plusieurs monuments fixèrent mon attention : le Palais-de-Justice, l'Hôtel-de-Ville, l'église Saint-Pierre, la tour de l'église Notre-Dame. Je m'y procurai et je lus avec un vif plaisir des notices relatives à plusieurs des grands hommes dont cette cité est justement fière, et qui s'appellent La Chalotais, La Motte-Piquet, Toullier, Lanjuinais, Carré, Elleviou. Je visitai ensuite Saint-Malo, le berceau de Jacques Cartier et de Duguay-Trouin, de Surcouf et de Lamennais, avec le tombeau de Châteaubriand sur le rocher du Grand-Bé; Saint-Servan, sa voisine, dont les

chantiers de construction et les armements pour la pêche
de Terre-Neuve sont considérables ; Dinan, la patrie
de Duclos, dans une situation charmante, illustré jadis
par les exploits de Duguesclin; Lamballe, qui date
du temps de César et où a pris naissance l'ordre des
hospitaliers de Saint-Thomas-de-Villeneuve. J'aurais pu
mé rendre de là à Saint-Brieuc et arriver, une ou deux
heures après, à la campagne de Mériadec. Mais je savais
qu'une fois installé chez lui, il me serait difficile de continuer mes excursions, et je suivis, comme l'on dit, le
chemin des écoliers.

Je descendis de wagon à la station d'Yffiniac; puis,
traversant un pays très-accidenté, coupé par un grand
nombre de vallées et bien planté, j'aperçus bientôt le
clocher fantastique de Moncontour, qui étage coquette-
ment les uns au dessus des autres, suivant l'expression
de M. Pol de Courcy, ses débris de murailles, ses jardins,
ses maisons et son église. Les splendides verrières de cet
édifice me frappèrent d'admiration; j'appréciai en connais-
seur ces teintes unies et brillantes, ces contours d'un
dessin pur et hardi, cette délicieuse ornementation
accessoire de médaillons, d'amours se jouant dans des
ruisseaux, de fonds de paysages où se révèle l'art du
peintre verrier de la Renaissance. Elles sont au nombre
de six et représentent les mystères de la naissance et
de la vie du Sauveur, la vie de saint Jean-Baptiste, la
vie de sainte Barbe, la légende de saint Yves, l'arbre
de Jessé et la légende de saint Mathurin.

La petite ville de Moncontour était anciennement une
des places les plus fortes de la province; un donjon ou
château et différentes tours la rendaient presque inexpu-

gnable.. Elle fit toujours partie des domaines de la maison de Penthièvre et joua un rôle assez important pendant la guerre de la succession de Bretagne, à l'époque
de la ligue, et, beaucoup plus récemment, au temps de la
chouanerie. Le soir, à l'hôtel où j'étais descendu, des voya-
geurs se mirent à parler de la Révolution, et l'un d'eux pro-
nonça le nom de Boishardy, fameux chef de chouans, qui
avait choisi les campagnes environnantes pour théâtre de ses exploits. J'avais entendu raconter de lui, dans
mon enfance, des faits qui m'avaient étonné ; mais tout
cela était maintenant bien confus' dans ma mémoire, et
j'interrogeai le voyageur au sujet du célèbre partisan.
Voici à peu près ce qu'il me dit :

« C'était en 1793. Boishardy, entouré d'un grand nombre de réfractaires, dont il avait fait des tirailleurs insai-
sissables, interceptait les routes, pillait les courriers et
harcelait les détachements républicains, disparaissant
après chaque coup de main avec la rapidité de la foudre,
sans se laisser jamais atteindre. Il se soutint de la sorte
pendant près de deux ans, et il eût réussi sans doute à
déjouer longtemps les efforts du général Le Moine, qui
commandait le camp formé par Hoche sur une lande
voisine, si la trahison ne leur était venue en aide. Un
espion, recueilli par Boishardy, fit connaître à un adju-
dant la retraite du chef, qui changeait fréquemment de
gîte, couchant tantôt dans une grotte, tantôt dans les
champs, quelquefois au milieu des bois, dans un hamac
suspendu aux arbres.

» La nuit du 15 juin 1795, Boishardy reposait dans un
champ à deux kilomètres de Moncontour ; son aide-de-
camp, son secrétaire, son valet de chambre et deux de

ses hommes étaient couchés non loin de lui. Vers le matin, le valet de chambre, qui faisait le guet, vint avertir son maître qu'il apercevait des soldats sur la route. Convaincu que la retraite était découverte, le chef s'élance avec trois des siens hors du champ; un soldat lui tire un coup de fusil, qui l'atteint dans les reins. Il tombe, se relève, court encore quelque temps, et, sentant que ses forces ne lui permettent plus d'avancer, il s'assied au pied d'un arbre et attend. Il voit bientôt s'approcher l'officier qui commande le détachement et il lui présente son épée; l'officier la saisit et la lui plonge à travers le corps. On lui trancha la tête, et on la porta à Moncontour au bout d'une pique; elle fut promenée ensuite dans les rues de Lamballe, jusque sous les fenêtres de la tour de Boishardy, et enfin jetée dans un étang. Le général Hoche, indigné des actes de férocité stupide qui suivirent sa mort, donna l'ordre d'arrêter et de punir ceux qui avaient pris part à ce crime. »

Il était tard quand le narrateur finit son récit. Je gagnai rapidement ma chambre, désirant partir de grand matin pour Quintin, dont le château, me disait-on, valait la peine que je m'y arrêtasse. J'y arrivai avant midi. Des hauteurs qui dominent l'entrée du côté de Saint-Brieuc, la ville présente un coup d'œil remarquable. Les édifices se groupent en amphithéâtre au-dessus d'un bel étang; de nombreux bosquets d'arbres forestiers encadrent des prairies protégées par une ceinture de montagnes. Mais l'intérieur avec ses rues tortueuses, ne répond nullement aux promesses de l'extérieur.

Le château me parut digne d'être étudié. Démoli après les guerres de la ligue, il fut reconstruit en 1662 par

Amaury de Guyon et Henriette de la Tour d'Auvergne. On ne sait si le château neuf fut achevé, mais il n'en subsiste qu'un pavillon dont l'architecture rappelle le palais du Luxembourg à Paris. Il s'élève sur des voûtes souterraines très-fortes et très-vastes. Les autres bâtiments ont été construits en 1775 par le vicomte de Choiseul. Ils n'ont aucun caractère architectural, mais j'y trouvai quelques meubles du XVIIe siècle, le lit ducal et la chaise armoriée du maréchal de Lorges, de belles tapisseries des Gobelins, aux armes de France et de Navarre, représentant les jardins d'Armide, l'enlèvement de Proserpine, Phœbus conduisant le char du Soleil, Neptune sortant des eaux. Je visitai aussi avec intérêt une galerie très-curieuse de la famille de Lorges.

Une couple d'heures me suffirent pour parcourir les salles que l'on montre aux touristes. Je pris ensuite la route de Saint-Brieuc, et, le soir, je serrais dans mes bras mon excellent camarade de collége. Il avait réuni, à l'occasion de mon arrivée, quelques-uns de ses voisins, avec qui je devais, de temps à autre, chasser et pêcher pendant mon séjour sur la côte. Tous furent pour moi d'une affabilité charmante, et voulurent que je leur promisse d'aller les voir souvent. Il ne m'en coûta pas assurément de prendre cet engagement avec eux. Mériadec avait ses affaires et ne pourrait pas toujours m'accompagner dans mes promenades; j'étais sûr de trouver chez ces braves gens un excellent accueil.

Le jour suivant, il fallut voir en détails la maison et ses dépendances. Ainsi que la plupart des propriétaires, mon ami tenait à ce que je jugeasse *de visu* des travaux qu'il avait exécutés, et il ne me fit même pas grâce de la loge du chien. Enfin quand je me fus extasié sur tout, il me laissa libre d'agir absolument comme si j'étais chez moi.

La maison était située presque sur le bord de la côte. Des fenêtres de ma chambre, j'apercevais les voiles blanches des navires qui passaient au large. Au pied de la falaise, des femmes et des enfants, profitant de la marée basse, ramassaient et mettaient en tas le goëmon déposé par les vagues sur la grève ; d'autres détachaient des rochers de petites huîtres et certains coquillages connus dans le pays sous le nom de *bigornes*. Ce tableau, plein de mouvement et de vie, était vraiment délicieux. Mériadec savait que j'étais quelque peu artiste, et il m'avait donné la pièce qu'il croyait être le plus de mon goût. Il ne pouvait mieux choisir pour m'être agréable. Je descendis sur la plage par un sentier creusé dans les rochers ; et j'abordai une pauvre femme, courbée par l'âge et le travail, dont la physionomie douce attira mes regards. J'appris d'elle que le goëmon était recueilli ainsi tous les jours par les pauvres, qui le vendaient comme engrais aux fermiers du voisinage ; les huîtres et les *bigornes* étaient portés au marché de Saint-Brieuc. La bonne femme me dit encore qu'elle était veuve et bien malheureuse ; son fils était parti depuis un an pour l'Amérique ; il était tombé malade à Montévidéo, et elle craignait de ne plus le revoir. Elle n'avait absolument pour vivre, avec le lait de sa vache et le produit de son petit commerce d'herbes marines, que le peu qu'elle gagnait en filant. Je fus touché de ses paroles, et je me promis de lui venir en aide.

Quelques jours après, je dirigeai mes pas vers un vallon qui débouche sur la grève, à un quart de lieue de

4..

l'habitation de Mériadec, et j'aperçus sur le penchant
d'un côteau la chaumière de la bonne femme. La vache
paissait en liberté près de la hutte. Un chien, couché au
soleil devant la porte, se leva à mon approche et se mit
à aboyer. La pauvre veuve parut, inquiète, sur le seuil,
mais elle me reconnut aussitôt et m'invita à entrer.

— Je venais justement vous voir, ma bonne mère, lui
dis-je.

— Ah! monsieur me fait bien de l'honneur, répondit-
elle, et elle s'empressa de chasser d'une chaise, la seule qu'elle possédât, un gros chat noir qui y dormait
pelotonné, afin de m'offrir ce siége.

Je m'assis et, allumant un cigare, je l'engageai à continuer son travail. Elle jeta dans l'âtre une brassée d'a-
joncs secs, puis, s'agenouillant sur la pierre du foyer,
elle ranima le feu de son souffle. Quand la flamme bril-
la, elle me pria de m'approcher, ensuite elle sortit pour
aller prendre de l'eau à la source voisine.

Pendant son absence, je pus examiner à loisir l'intérieur de la chaumière. C'était à peu près ce que j'avais
vu partout en Bretagne; seulement, tout avait ici un aspect misérable: un lit clos dans lequel on se hisse en
montant sur un bahut ou coffre, un banc grossier en
travers de l'âtre, une armoire vermoulue, une huche servant de table, composaient, avec quelques ustensiles et
des escabaux, le mobilier de la veuve. La cheminée était
ornée d'un Christ; un bénitier en faïence, orné d'une
branche de buis bénit, était suspendu à la muraille; de
grandes images enluminées, représentant la Vierge,
saint Nicolas et le Juif-Errant, tapissaient les battants de
l'armoire et le pied du lit.

La bonne femme rentra avec sa cruche, et elle me proposa de goûter. Elle n'avait à m'offrir que du pain bis et du beurre, mais elle posa tout cela sur une nappe blanche avec tant d'empressement qu'il m'était difficile de ne pas accepter : je l'aurais blessée en refusant. Il était plus de quatre heures, l'air si vif de la mer m'avait ouvert l'appétit; je dévorai à belles dents un énorme morceau de pain, et, tout en mangeant, je l'interrogeai de nouveau sur sa position. Elle était âgée, souvent malade et incable alors d'aller ramasser du goëmon; mais Dieu lui envoyait, dans ces moments difficiles, un secours précieux. L'institution des Petites-Sœurs-des-Pauvres, fondée depuis quelques années à Dinan, et qui avait fait en si peu de temps des progrès extraordinaires, possédait une maison dans le village voisin. La veuve était connue des sœurs, et toutes les fois qu'une de ces saintes filles passait près de la hutte, elle ne manquait jamais d'entrer pour voir si la mère Verdier, comme on l'appelait dans le pays, avait besoin d'un peu d'argent. Je fus heureux de connaître cette circonstance, et, à mon tour, quand je me levai, je vidai sur la table mon porte-monnaie, m'éloignant d'un pas rapide pour me soustraire à ses remerciments qui m'auraient embarrassé.

Je renouvelai plusieurs fois ma visite à la chaumière durant mon séjour chez Mériadec. J'aimais à m'entretenir avec la douce et pieuse créature dont la résignation à la volonté de Dieu me remplissait d'admiration; c'était pour moi un plaisir infini de pouvoir contribuer par de petits cadeaux à adoucir sa misère. Quand le moment de partir arriva, je suppliai mon ami de veiller sur elle à ma place, et je dois dire que mon excellent camarade se chargea avec une grande bonté de la mission que je lui confiais. J'emportai ainsi la certitude que ma protégée serait secourue et que son fils, s'il revenait d'Amérique, trouverait auprès d'elle du travail et du pain.

CHAPITRE XIV.

Guerre d'Italie : Ses causes. — *Ultimatum* de l'Autriche au Piémont. — Formation de l'armée des Alpes.

On est heureux quand, libre de soucis, gai et bien portant, on peut satisfaire ses goûts sans avoir à se préoccuper du lendemain. Mériadec, je le répète, tenait à ce que j'agisse en tout comme si j'étais chez moi ; ma santé se rétablissait à vue d'œil, et, grâce aux distractions que m'offraient la pêche, la chasse et la promenade, comme aussi la conversation de quelques voisins et la lecture, le temps s'écoulait avec une rapidité que j'aurais voulu arrêter. Mais enfin le mois de juin arriva, et je dus songer à regagner Paris , où était mon régiment : mon congé allait expirer.

Je ne m'arrêterai pas à retracer ici les événements, peu importants du reste, qui remplirent pour moi la fin de cette année et les deux années suivantes; les jours, dans la vie de garnison, se ressemblent, à peu de chose près. Je préfère dire tout de suite pourquoi l'armée française franchit les Alpes. Voici, en quelques mots, ce qui amena la lutte que nous soutînmes si vaillamment et qui nous valut les triomphes de Magenta et de Solférino.

Depuis quarante ans, la domination étrangère pesait sur la péninsule. Les Autrichiens n'occupaient pas seulement Milan et Venise ; ils étendaient de plus en plus, sur d'autres États entiers, une influence sous laquelle disparaissait l'indépendance de la plupart d'entre eux. L'Autriche défendait ses positions et sa politique comme un grand empire qui croit son honneur engagé; l'esprit national résistait à son tour, et là était vraiment le nœud de la question italienne. Le Piémont se faisait surtout remarquer par sa politique anti-autrichienne, et on le vit, en 1847, s'engager hardiment dans une croisade d'indépendance où il dévoua inutilement son armée et sa fortune; mais le désastre de Novare ne l'abattit pas. Il travailla dès-lors à refaire sa position en Europe, et, à mesure qu'il sentait son crédit moral renaître, il dévoilait sa politique vis-à-vis de l'Autriche. L'antagonisme entre les deux Puissances se dessina et s'avoua au Congrès de Paris, et M. de Cavour, revenu à Turin, ne dissimula pas la gravité de la situation. A partir de ce moment, les démonstrations d'antipathie et de défiance se succédèrent si rapidement, que bientôt une rupture diplomatique éclata. D'incident en incident, la lutte marcha jusqu'au jour où la guerre fut déclarée.

Le 1er janvier 1859, à la réception du Corps diplomatique, aux Tuileries, l'Empereur Napoléon, s'adressant à
M. de Hubner, ambassadeur d'Autriche, lui dit : « Je
regrette que nos relations avec votre gouvernement ne
soient pas aussi bonnes que par le passé, mais je vous
prie de dire à l'empereur que nos sentiments pour lui ne
sont pas changés. » Ces paroles produisirent une profonde sensation dans Paris et eurent un grand retentissement en Europe. Il s'agissait évidemment de la question
italienne dont la solution ne pouvait être différée. Le discours prononcé le 10, par le roi de Sardaigne, à l'ouverture du Parlement, fut également très-remarqué ; il ré-
vélait la confiance du Piémont dans une nation prête à le
soutenir. Cette alliance fut bientôt resserrée par le ma-
riage du prince Napoléon avec la princesse Clotilde, fille de
Victor Emmanuel, qui fut célébré à Turin le 15 janvier.
Une partie de la presse étrangère chercha à égarer l'opinion de l'Europe sur les intentions de la France ; le *Moniteur* du 5 mars expliqua la nature des engagements pris
par l'Empereur. « En face des inquiétudes mal fondées,
nous aimons à le croire, disait la note, qui ont ému
les esprits en Piémont, l'Empereur a promis au roi de
Sardaigne de le défendre contre tout acte agressif de l'Autriche ; il n'a promis rien de plus, et l'on sait qu'il tiendra parole. » Il devenait évident par là que la France
n'attaquerait pas la première, et qu'elle ne soutiendrait le
Piémont que s'il était lui-même attaqué.

Sous l'influence de ces dispositions de la France, les
difficultés parurent s'aplanir, et il fut décidé entre les
grandes Puissances qu'un Congrès se réunirait à la fin
d'avril pour débattre les intérêts qui, depuis trois mois,

divisaient les gouvernements. Mais l'Autriche, après avoir accepté l'arbitrage du Congrès, éleva des préten‑tions telles qu'on ne put d'abord s'entendre; enfin, il fut décrété qu'on délibèrerait sur quatre propositions rédi‑gées par le gouvernement anglais, et auxquelles avaient adhéré aussitôt la France, la Russie, la Prusse et le Pié‑mont. Ce fut en ce moment que tout‑à‑coup, sans que rien pût faire prévoir une résolution semblable, le gou‑vernement de l'empereur François‑Joseph adressa au Piémont un *ultimatum* qui était une véritable déclara‑tion de guerre. Cet *ultimatum* fut porté à Turin le 23 avril; il demandait, sous une forme impérative, à la Sardaigne le désarmement immédiat de ses troupes et le licencie‑ment des volontaires italiens, sans admettre aucun moyen dilatoire, et en assignant à la réponse du Cabinet de Turin un terme de trois jours. Cette sommation fut repoussée, ainsi qu'on devait s'y attendre de la part d'un gouvernement jaloux de son indépendance et de son hon‑neur. L'Autriche se plaçait ainsi en dehors de la diplo‑matie; un cri général s'éleva contre elle dans toute l'Eu‑rope. L'Angleterre, la Russie et la Prusse protestèrent contre la conduite qu'elle tenait dans cette circonstance. La France, de son côté, fit savoir, à Vienne, qu'elle con‑sidérait le passage du Tessin, effectué le 19 par les trou‑pes autrichiennes, comme une déclaration de guerre, et, rappelant son ambassadeur, elle déploya, pour se prépa‑rer à la lutte, une activité et une énergie extraordinaires.

A peine la nouvelle du refus de l'Autriche d'accéder aux dernières propositions de l'Angleterre et de l'envoi de l'*ultimatum* à la cour de Turin était‑elle parvenue à Paris, que l'armée de Lyon et l'armée de Paris partirent en tout

hâte : l'une, pour les frontières de l'Italie ; l'autre, pour
Toulon et Grenoble. L'armée des Alpes et l'armée d'observation furent formées. L'armée des Alpes se subdivi-
sait en quatre corps, commandés par le maréchal Baraguey-d'Hilliers, le comte de Mac-Mahon, le général Canrobert et le général Niel, aide-de-camp de l'Empereur.

Le maréchal Baraguey-d'Hilliers, un vétéran des
guerres du premier empire, s'était illustré en Afrique, où
il avait commandé successivement une brigade et une
division ; puis, à la tête d'une simple division d'infanterie, ainsi que je l'ai raconté, après quatre jours de tranchée ouverte, il avait fait tomber les murs de Bomarsund
et inscrit sur le drapeau de la France la première victoire
remportée dans la dernière guerre. C'était un des chefs
dont on appréciait le plus la fermeté, un de ceux dont la
décision était la plus prompte.

Le comte de Mac-Mahon, sous les ordres de qui étaient
alors placées les forces militaires d'Afrique, avait prouvé,
on ne l'oubliait pas ; sur les crêtes de Malakoff, que la
jeune armée impériale savait allier la rude énergie de
Cambronne à l'élégante valeur de Richelieu. Depuis 1841,
il avait presque toujours fait campagne ; la troupe l'aimait, croyait en lui et le suivait, plein d'élan, à travers
les dangers, au milieu desquels il s'avançait l'épée haute,
avec le calme du chef et la fougue du soldat.

Le maréchal Canrobert avait été, j'ai eu occasion de le
dire, l'ami et le successeur du maréchal de Saint-Arnaud.
Tout le monde en France connaissait les exploits du
héros de Zaatcha ; ceux qui avaient combattu en Crimée
l'avaient vu à l'œuvre : son dévouement et sa bravoure
l'avaient désigné au choix de l'Empereur.

Le général de division Niel, dont j'ai déjà eu aussi l'occasion de parler, appartenait au génie ; ses succès lui avaient valu dans son arme le surnom de *Poliocerte*. Il avait assisté à tous les siéges réguliers qui, depuis 1830, avaient réduit des villes en notre puissance : Anvers, Constantine, Rome, Bomarsund, Sébastopol. S'il prenait pour la première fois le commandement d'un corps d'armée, la confiance du Chef de l'Etat était justifiée par les services éminents qu'il avait rendus.

L'armée d'observation, dont le quartier général serait à Nancy, ne devait pas être partagée en plusieurs corps. Elle serait commandée par le maréchal Pélissier, duc de Malakoff, en ce moment ambassadeur à Londres. Le duc de Malakoff, le soldat persévérant et toujours heureux des campagnes d'Afrique et de Crimée, devait à sa haute et juste réputation d'homme de guerre la position toute spéciale qui avait été créée pour lui. A celui qui avait montré qu'il savait accepter la responsabilité, l'Empereur avait réservé le poste où la responsabilité pouvait être, en certaines conjonctures, la plus lourde. Le maréchal, depuis 1815, avait vu tous nos champs de bataille en Espagne, en Grèce, en Belgique, en Afrique et en Crimée. Avec une sentinelle de cette volonté, de cette ardeur et de ce calme, la France pouvait être tranquille sur le Rhin : la consigne ne serait jamais forcée.

En même temps qu'il adoptait ces mesures exigées par l'imminence des événements, le gouvernement de l'Empereur exposait dans une déclaration publique les nécessités qui les avaient commandées. Une communication faite au sénat et au Corps législatif, le 26 avril, établissait les faits principaux et l'historique des négo-

ciations suivies afin d'arriver à un accommodement. « Au
moment, disait le ministre, où le gouvernement de l'Empereur croyait pouvoir nourrir l'espoir d'une entente définitive, nous avons appris que la cour d'Autriche refusait d'accepter la proposition du gouvernement de Sa
Majesté britannique, et adressait une sommation directe
au gouvernement sarde. » Après avoir expliqué la nature et le caractère de cette démarche, le ministre,
M. Walewski, ajoutait : « En présence de cet état de
choses, si la Sardaigne est menacée, si, comme tout le
fait présumer, son territoire est envahi, la France ne
peut pas résister à répondre à l'appel d'une nation alliée,
à laquelle l'unissent des intérêts communs et des sympathies traditionnelles, rajeunies par une récente confraternité d'armes et par l'union contractée entre les deux
maisons régnantes. » Comme complément des mesures
exigées par les circonstances, deux lois furent votées par
le Corps législatif et sanctionnées par le sénat; l'une
portait de cent à cent quarante mille le nombre des hommes
appelés à servir; l'autre autorisait le ministre des
finances à emprunter une somme de cent millions de
francs.

CHAPITRE XV.

—

Guerre d'Italie : Départ des troupes. — Accueil enthousiaste à Gênes.
— Proclamation de l'Empereur au peuple français.

Pendant les derniers jours d'avril et les premiers jours
de mai, la capitale offrit un spectacle des plus émouvants. Dès qu'on sut que l'armée de Paris avait reçu
l'ordre de se mettre en mouvement, la foule se porta aux
casernes et échangea avec les soldats de fraternels
adieux. Toutes les fois qu'un régiment partait, le peuple
accourait sur son passage et le saluait de ses acclamations. Je me trouvais alors chez M. Marsal ; le brave
commandant m'avait mandé de ma garnison, sentant
que sa fin approchait, et j'eus l'occasion, un matin,
d'être témoin de ce patriotique délire. Les bataillons
du 3e régiment de grenadiers de la garde impériale, en
tenue de campagne, étaient échelonnés en colonnes par
pelotons dans la rue de Rivoli, le centre à la hauteur des

Tuileries, la droite dirigée vers l'Hotel-de Ville, et la gauche tournant le dos à la place de la Concorde. Chaque peloton ayant exécuté; à un commandement donné, le mouvement de « par le flanc de droit, » fit face au palais. On attendait le drapeau du régiment. Quand il parut, un cri immense de *Vive l'Empereur* ! retentit, les tambours battirent, et la musique joua l'air de : *Partant pour la Syrie* !

En ce moment, l'émotion fut générale et profonde. Bientôt le régiment se mit en marche, accompagné des adieux sympathiques de la foule, et les casquettes avec les chapeaux s'agitèrent en l'air au milieu des cris de *Vive l'Empereur* ! répétés mille fois par les soldats et la population.

La tenue des grenadiers avait quelque chose d'imposant : bonnet à poil, capote bleue, pantalon rouge dans la guêtre blanche. Sur les sacs, surmontés du bâton blanc servant à dresser la tente-abri dont chaque homme était pourvu, on voyait les bidons, les gamelles et la ration de pain. Les buffleteries du sabre et de la giberne, qui formaient une croix blanche sur la poitrine, rappelaient les vieilles phalanges d'autrefois, et plus d'un spectateur se disait, en contemplant ces intrépides enfants de la France, et en remarquant l'ardeur qui brillait dans leurs yeux : « Ce sont bien les fils des soldats d'Austerlitz ! »

Pendant plus de huit jours, sur les boulevards, les ouvriers ne cessèrent de se mêler aux soldats, les prenant par le bras et portant leur fusil ; ils ne savaient comment témoigner l'intérêt qu'ils ressentaient pour les défenseurs de l'indépendance italienne. On racontait partout une anecdote dont l'héroïne était une cantinière du 2ᵉ régiment de voltigeurs, parti l'un des premiers. Cette femme, en passant dans la rue de Rivoli, laissa son enfant dans la maison où sont situés les bureaux du secrétariat de l'Impératrice, et dit qu'elle le confiait à Sa Majesté ; puis, sans être le moins du monde certaine de ce qu'il deviendrait, elle rentra dans les rangs, répondant à ceux qui l'interrogeaient qu'elle reprendrait son fils « à son retour de Vienne. »

A partir de ce moment, le mouvement de nos troupes s'accomplit avec une rapidité merveilleuse. Le 24 avril, jour de Pâques, j'étais à Marseille et j'assistais, avec beaucoup d'autres, aux offices ; nous avions, pour la plupart, accompli dans la matinée le devoir pascal. A la messe militaire, qui fut dite à Saint-Charles, un vicaire de la paroisse monta en chaire, et, après avoir exprimé le bonheur qu'il éprouvait de voir les défenseurs de la patrie venir à l'église donner une preuve de leurs sentiments chrétiens, il ajouta : « La piété est l'auxiliaire du courage, et l'empereur Napoléon, qui vous engage à remplir vos devoirs religieux, trouve en vous des défenseurs vaillants et fidèles. Vous êtes maintenant prêts pour les luttes à venir ; vous serez invincibles en combattant pour la France : partez, braves soldats ! » Comme il prononçait ces mots, par un hasard remarquable, une ordonnance entra dans l'église et remit au colonel une dépêche qui lui enjoignait de s'embarquer immédiatement. Il se tourna vers nous, et, se faisant en quelque sorte l'écho des paroles du prêtre, il nous dit: « Partons ! » Cet épisode émut vivement tout le monde.

Nous nous embarquâmes le lendemain 45, et, le 29, le

Drgade sortait du port à sept heures et demie, au bruit des applaudissements des spectateurs et au son des fanfares guerrières. Douze ou quinze heures après, nous étions en vue de Gênes, mais nous ne débarquâmes que le 30 au matin. Au moment où nous abordâmes, les quais de cette grande ville, qui s'étend au fond du golfe en forme de fer à cheval, avec ses maisons et ses palais de marbre s'élevant en amphithéâtre, présentaient un spectacle grandiose. Sur toutes les terrasses des habitations voisines de la mer, des femmes se pressaient par milliers, agitant leurs mouchoirs et jetant des bouquets. De nombreuses embarcations allaient au-devant des navires. Pendant huit jours, ce fut un enthousiasme indescriptible : on dansait, on chantait, on s'embrassait. Nous avions beau crier *Vive l'Italie !* de toutes la force de nos poumons, nos cris étaient couverts par ceux de : *Viva i liberatori della patria ! Viva l'Imperatore !*

Pendant ce temps-là, d'autres corps de troupes se rendaient en Italie par la Savoie et le Mont-Cenis, en suivant le chemin de fer jusqu'à Saint-Jean de Maurienne. De là, en deux étapes, ils étaient à Suse, et de Suse le chemin de fer les transportait en deux heures à Turin. D'autres encore atteignaient Suse en franchissant avec beaucoup de peine le col de Lautaret et celui du mont Genèvre.

La division Brouat arriva le 20 à Turin, le jour même où nous débarquions à Gênes ; elle fut reçue à la station du chemin de fer par le général de Sonnas, commandant de la place, accompagné de son état-major, et le commandant de la garde nationale ; comme à Gênes, les dames, du haut des balcons, agitaient leurs mouchoirs

sur le passage des troupes, et jetaient des fleurs aux
soldats, qui en ornaient leurs fusils. Cette journée fut un
jour de fête. Le général Brouat n'avait pu être témoin de
cette ovation. Frappé d'apoplexie dans la traversée des
montagnes, il mourut le 2 mai à Suse. La France perdait en lui un brillant officier, qui avait fait ses preuves
à l'Alma.

Le général Giulay, commandant des troupes autrichiennes, en franchissant le Tessin le 29, s'attendait à
ne rencontrer que l'armée piémontaise pour arrêter sa
marche sur Turin, il apprit avec un étonnement mêlé de
terreur que les Français, qu'il croyait encore au-delà des
Alpes, étaient prêts à entrer en ligne. L'Europe entière
était saisie d'admiration. La France, en moins de dix
jours, avait pu transporter à plus de deux cents lieues
de ses frontières une armée de cent mille hommes !
Cette promptitude tenait du prodige.

Le 3 mai, le gouvernement fit connaître officiellement
au sénat et au Corps législatif l'entrée des Autrichiens
sur le territoire sarde, ce qui constituait l'Autriche en
état de guerre avec la France. Le même jour, l'Empereur
caractérisa la guerre et son but dans une proclamation
énergique, qui fut affichée à Paris et dans toute la
France. Voici cette proclamation :

L'Empereur au peuple français.

« Français,

» L'Autriche, en faisant entrer son armée sur le territoire du roi de Sardaigne, notre allié, nous déclare la

guerre. Elle viole ainsi les traités, la justice, et menace
nos frontières. Toutes les grandes puissances ont protesté
contre cette agression. Le Piémont ayant accepté les
conditions qui devaient assurer la paix, on se demande
quelle peut être la raison de cette invasion soudaine :
c'est que l'Autriche a amené les choses à cette extrémité, qu'il faut qu'elle domine jusqu'aux Alpes ou que
l'Italie soit libre jusqu'à l'Adriatique ; car, dans ce
pays, tout coin de terre demeuré indépendant est un
danger pour son pouvoir.

» Jusqu'ici la modération a été la règle de ma con
duite ; maintenant l'énergie devient mon premier devoir.

» Que la France s'arme et dise résolûment à l'Europe :
Je ne veux pas de conquête, mais je veux maintenir sans
faiblesse ma politique nationale et traditionnelle ; j'ob-
serve les traités à condition qu'on ne les violera pas
contre moi ; je respecte les territoires et les droits des
puissances neutres ; mais j'avoue hautement ma sympathie pour un peuple dont l'histoire se confond avec la
nôtre, et qui gémit sous l'oppression étrangère.

» La France a montré sa haine contre l'anarchie ; elle
a voulu me donner un pouvoir assez fort pour réduire à
l'impuissance les fauteurs de désordre et les hommes
incorrigibles de ces anciens partis qu'on voit sans cesse
pactiser avec nos ennemis ; mais elle n'a pas pour cela
abdiqué son rôle civilisateur. Ses alliés naturels ont toujours été ceux qui veulent l'amélioration de l'humanité,
et, quand elle tire l'épée, ce n'est point pour dominer,
mais pour affranchir.

» Le but de cette guerre est donc de rendre l'Italie à

elle-même, et non de la faire changer de maître, et nous aurons à nos frontières un peuple ami qui nous devra son indépendance.

« Nous n'allons pas en Italie fomenter le désordre ni ébranler le pouvoir du Saint-Père, que nous avons replacé sur son trône, mais le soustraire à cette pression étrangère qui s'appesantit sur toute la Péninsule, contribuer à y fonder l'ordre sur les intérêts légitimes satisfaits.

« Nous allons enfin, sur cette terre classique illustrée par tant de victoires, retrouver les traces de nos pères. Dieu fasse que nous soyons dignes d'eux !

« Je vais bientôt me mettre à la tête de l'armée. Je laisse en France l'Impératrice et son fils ; secondée par l'expérience et les lumières du dernier frère de l'Empereur, elle saura se montrer à la hauteur de sa mission.

« Je les confie à la valeur de l'armée qui reste en France pour veiller sur nos frontières, comme pour protéger le foyer domestique ; je les confie enfin au peuple tout entier, qui les entourera de cet amour et de ce dévouement dont je reçois chaque jour tant de preuves.

« Courage donc et union ! notre pays va encore montrer au monde qu'il n'a pas dégénéré. La Providence bénira nos efforts, car elle est sainte aux yeux de tous, la cause qui s'appuie sur la justice, l'humanité, l'amour de la patrie et l'indépendance.

« Palais des Tuileries, 3 mai 1859.

« Signé : NAPOLÉON.

CHAPITRE XVI.

—

Guerre d'Italie : Départ de l'Empereur Napoléon. — Réception à Gênes.
— Combat de Montebello.

Après avoir pris toutes les mesures propres à assurer
la tranquillité intérieure de la France, l'Empereur se mit
en route pour aller rejoindre sa vaillante armée. Il quitta
les Tuileries, le 11 mai, à cinq heures et demie du soir,
en tenue de campagne. La rue de Rivoli était pavoisée
dans toute sa longueur, et une foule innombrable y était
accourue. La calèche impériale, dans laquelle l'Impératrice avait pris place, était découverte. Dès qu'elle se
montra, un cri immense de : *Vive l'Empereur!* s'échappa
de toutes les poitrines, et, à mesure qu'elle avançait,
l'accompagna, comme un roulement de tonnerre non
interrompu, jusqu'à la gare. A partir de l'Hôtel-de-ville,
le cortége eut peine à se frayer un passage. Il dut s'arrêter sur la place de la Bastille, où les ouvriers voulurent
dételer la voiture et l'entraîner jusqu'au chemin de fer.

« Sire, s'écriaient-ils, partez, partez, et si vous avez besoin de nouveaux soldats, dites un mot, et nous nous engagerons tous. » L'Impératrice avait peine à retenir ses larmes.

L'Empereur ne fit que traverser Marseille ; il s'embarqua sans retard sur le yacht impérial la *Reine Hortense*, et, le 12 mai, il fut en vue de Gênes. Quand son canot entra dans le bassin, le canon tonna, les cloches sonnèrent à toute volée, la ville entière était en fête. Après la réception officielle, l'Empereur se rendit à l'ancien palais Durazzo, restauré par le roi Charles-Albert ; le soir, il alla au théâtre, et, lorsqu'il parut, un immense et unanime *Viva!* fut poussé par trois mille spectateurs.

Le vendredi matin, 13, le roi Victor-Emmanuel vint trouver, *incognito*, son allié et son gendre. Le 14, l'Empereur quitta Gênes, prit le chemin de fer d'Alexandrie, et, laissant à gauche la plaine de Marengo, arriva vers quatre heures dans la ville qui allait être son quartier général. Le dimanche 15, il assista à la messe à la cathédrale, avec les maréchaux Vaillant et Canrobert et les officiers de sa maison. Les jours suivants, il inspecta la citadelle et fit, malgré le mauvais temps, des promenades militaires dans les environs. Les paysans, dans les plus humbles villages, sortaient étonnés de leurs chaumières et prenaient une attitude pleine de respect, tout en criant à tue-tête : *Viva Napoleone!*

Une des visites de l'Empereur fut pour le champ de bataille de Marengo, qui n'est éloigné d'Alexandrie que d'une demi-lieue. Le point le plus mémorable est une simple ferme, située au centre même du terrain, et où le premier consul Bonaparte avait logé après la victoire. Un

5.

spéculateur l'a achetée, et, tout en en faisant un château, il a conservé la modeste chambre du rez-de-chaussée telle qu'elle était le jour où y fut signé l'armistice demandé par les vaincus. Ce fut cette chambre que l'Empereur tint surtout à voir. Une seule fenêtre grillée l'éclaire, et c'est sur la tablette de cette fenêtre que Bonaparte donna sa signature. Les murs sont garnis d'armes qui ont été retrouvées en labourant le sol. A terre sont amoncelés des éclats d'obus, des boulets et des balles. Une vitrine renferme la chaise de velours bleu sur laquelle s'assit le premier consul, et l'encrier de plomb dont il se servit; au-dessus sont suspendus le sabre et le pistolet de De-saix. Dans le jardin, s'élève une chapelle qui renferme des ossements recueillis dans les environs. Voici ce que j'entendis raconter alors, au sujet de cette visite, à un officier de l'escorte de l'Empereur : « Nous étions très-nombreux devant la chapelle. L'aumônier de Sa Majesté, que nous avions rencontré dans la cour du château, se tournant vers la foule, nous demanda si nous consentions à nous joindre à lui dans la prière qu'il allait prononcer pour le repos des victimes de cette malheureuse journée. Pour toute réponse, chacun se découvrit et mit genou à terre, et la prière fut dite à haute voix, dans le plus profond recueillement. La prière terminée, l'aumônier prit congé de nous très-gracieusement, en nous donnant rendez-vous à Milan pour un *Te Deum* qu'il devait chanter. »

L'Autriche espérait évidemment envelopper les forteresses d'Alexandrie et de Casale et s'avancer directement jusqu'à Turin. L'occupation de la capitale eut répandu, au début de la campagne, un certain prestige sur ses armes ; elle eût été en position de détruire le réseau de chemin de fer qui mettait les troupes débarquées de Gênes en communication immédiate avec celles qui arrivaient à Suze en traversant les Alpes. Une fois entré dans Turin, l'ennemi aurait coupé les deux armées françaises et se serait trouvé maître de presque toute la Sardaigne. Les lenteurs du général Giulay l'avaient empêché de réaliser ce plan.

Pour mettre à exécution un pareil projet, il fallait une de ces offensives rapides et énergiques comme celles dont Napoléon Ier avait donné l'exemple, dans les campagnes de 1796-1797. Or ces marches rapides ne sont ni dans les habitudes ni dans le génie des troupes allemandes. La continuation de ce mouvement offensif, quand nous occupions toute la ligne entre Gênes, Alexandrie et Turin, ne fut pas seulement de la hardiesse, mais de la témérité et une faute. Les Autrichiens auraient dû s'arrêter devant les fortes positions des Piémontais et l'admirable élan qui avait porté en dix jours, ainsi que je l'ai dit, près de cent mille alliés sur le théâtre de la lutte.

Les hésitations du feld-maréchal avaient permis à tous nos corps d'armée de se concentrer sous Alexandrie et de s'étendre sur la rive droite du Pô, se dirigeant du côté de Plaisance, comme si notre intention était de franchir sur ce point le grand fleuve, rempart du Lombard-Vénitien. Voyant le danger se porter de ce côté et redoutant une marche sur Mantoue, le feld-maréchal ramena ses troupes du nord au Piémont. Il massa ses forces entre Mortara, Voghera et Pavie, dans une sorte de quadrilatère formé par la Séssia, le Tessin et le Pô, et, pour s'assurer que nos différents corps étaient réellement sous

Alexandrie, il donna l'ordre de pousser une forte reconnaissance.

Le moment approchait donc où les héros qui enlevèrent à la baïonnette les hauteurs de l'Alma et les formidables ouvrages de Malakoff allaient prouver aux Autrichiens, malgré les bravades de la presse de Vienne, que l'Empereur avait raison de compter sur eux. Déjà l'on fredonnait sous la tente un refrain en forme d'acrostiche, adressé, disait-on, par un zouave au feld-maréchal, et qui témoignait de la confiance du soldat dans son arme favorite :

> Général, si vraiment vous êtes
> Intelligent, vous vous tiendrez
> Un peu loin de nos baïonnettes ;
> L'avis est bon, vous le suivrez,
> A moins que vous ne préfériez
> Y voir clouer vos épaulettes.

Le 20 mai, l'armée d'Italie rencontra enfin l'ennemi. Ce fut précisément sur l'un des points de cette voie sacrée signalée par l'Empereur dans un ordre du jour, que les petits-fils des vainqueurs de Rivoli et d'Arcole firent reculer les Autrichiens. La première cartouche française fut brûlée dans le village où Lannes avait remporté, le 9 juin 1800, la victoire qui lui valut le titre glorieux de duc de Montebello ; ce jour-là aussi, douze mille combattants au plus mirent en fuite dix-huit mille Autrichiens.

La cavalerie sarde occupait les villages de Montebello et de Casteggio depuis six heures du matin quand elle fut tout-à-coup attaquée. Une partie de la division Forey, du

corps du maréchal Baraguey d'Hilliers, fut engagée pour
soutenir la lutte; mon régiment en faisait partie. Malgré
l'opiniâtre résistance et la supériorité numérique des Autrichiens, nous reprîmes le village de Montebello, et nous
repoussâmes l'ennemi sur la route de Casteggio à Stra-
della, après lui avoir tué plus de deux mille hommes,
fait deux cents prisonniers et pris plusieurs caissons
d'artillerie. De notre côté, nous avions eu six cents hommes tués ou blessés. Le général Beuret et le commandant
Duchet avaient été frappés mortellement; trois colonels et
plus encore de chefs de bataillon étaient au nombre des
blessés.

J'avais une seconde fois emmené mon chien : nous
nous aimions trop l'un l'autre pour nous quitter. Il avait
suivi partout le régiment, et partout il avait place au
feu et partageait la ration du troupier; les hommes de
ma compagnie ne le laissaient jamais manquer de nourriture. Ce jour là, Fidèle fut, comme d'habitude, à son
poste de combat, se tenant tout près de moi et ne recu-
lant jamais quand nous nous portions en avant; au moment où l'affaire était à peu près terminée, une balle
l'atteignit et lui fit une blessure, heureusement légère.
Je le pansai de mon mieux, et il put assister encore à
d'autres batailles. Les soldats l'aimaient beaucoup : il
les amusait et il leur était, dans certaines occasions,
très-utile. Il arrivait souvent que, après une marche
pénible, par une chaleur tropicale, nous cherchions
vainement une source pour nous désaltérer. Fidèle, guidé
par son instinct, nous conduisait droit à un puits caché
dans le fond d'un ravin. Il éventait aussi quelquefois
les partis ennemis.

A peine les Autrichiens eurent-ils abandonné le village que le service des ambulances commença. Les blessés, sans distinction de camp, furent transportés à Voghera, et, le lendemain, à Alexandrie. Le lendemain aussi, l'Empereur fit mettre à l'ordre du jour de l'armée la belle conduite de la division Forey.

L'arrivée des blessés à la gare du chemin de fer fut une heure bien triste. Il faisait nuit, des torches éclairaient la voûte; de chaque wagon sortaient lentement des formes indécises, celles-ci roides et portées à bras, d'autres animées. Les soldats qui pouvaient marcher tenaient à honneur de garder leur sac et leur fusil. Ils restaient fièrement debout, l'arme au pied, attendant les fourgons. Le silence était profond; pas un cri, pas une plainte. A voir ces hommes immobiles, on pouvait croire qu'ils revenaient d'une promenade militaire; mais là une capote était trouée, ici une buffleterie avait perdu sa couleur, ailleurs un képi cachait mal un bandage tacheté, plus loin un mouchoir s'enroulait autour d'une jambe un peu tremblante ou soutenait un bras. Un grenadier s'appuyait contre le mur, le visage contracté, les deux mains croisées sur son fusil, la tête basse. Quelqu'un lui demande ce qu'il avait. — C'est que mon pays (mon compatriote) est mort, répondit-il. Quant à lui, il avait quatre blessures et n'en parlait pas.

L'arrivée des prisonniers autrichiens eut également quelque chose de solennel et de triste. Ils entrèrent dans la ville sous l'escorte du 7 chasseurs à cheval et d'une brigade de gendarmerie. En tête du convoi marchaient deux voitures renfermant des officiers blessés. L'Empereur fit remettre dix francs à chaque homme et cent francs à chaque officier; de plus, un repas copieux leur fut servi avant leur départ pour Gènes et pour Marseille. De pareils traitements produisirent sur eux une vive impression; mais ce qui les émut surtout, ce fut la générosité de nos soldats et les prévenances qu'ils avaient pour les blessés.

Quelques jours après, j'eus l'occasion de voir plusieurs de mes camarades à l'hôpital Sainte-Catherine. Les soins les plus intelligents leur étaient prodigués, et la gaîté gauloise les aidait à supporter leurs souffrances : les moins gravement frappés trouvaient la force de faire des calembours, qui déridaient le front des autres. Je remarquai particulièrement, dans la salle où je fus introduit, un caporal de voltigeurs qui était d'une loquacité prodigieuse; il eût été feuilletonniste, s'il n'avait été caporal. Aussitôt qu'il ouvrait la bouche, on se taisait pour écouter. Toutes ses histoires commençaient invariablement par ces mots : « Pour lors... », et ce « pour lors » avait le privilége de suspendre toutes les conversations, toutes les plaintes. Il y avait quelque chose de touchant dans l'attention de ces pauvres militaires, dont les têtes alanguies se tournaient vers le narrateur. L'un souriait à demi, par avance, comme un enfant qui se dispose à entendre un récit qu'il sait par cœur, mais qui le ravit toujours; l'autre étouffait un gémissement; un autre encore ouvrait les yeux tout grands, et l'on y voyait briller une étincelle. Le caporal avait une balle dans l'épaule !... un rien, disait-il.

Le lendemain de Montebello, le général Cialdini força le passage de la Sessia sur deux points. Le 23, l'intrépide Garibaldi marcha, avec ses mille volontaires ita-

5..

liens, de Lavène sur Varèse, dont il désarma la garnison. Les Autrichiens s'approchèrent de ce bourg, espérant cerner et écraser la légion des chasseurs des Alpes ; mais ils avaient compté sans les baïonnettes du hardi condottière. Attaqués à l'arme blanche, ils laissèrent entre ses mains deux pièces de canon, et s'éloignèrent rapidement du village. Ce premier succès enflamma l'ardeur des volontaires et de leur chef, et ils n'hésitèrent pas à s'avancer sur Côme. A la suite d'un combat qui ne dura pas moins de trois heures, ils entrèrent dans la ville au son des cloches ; toutes les rues étaient illuminées. Garibaldi se mit aussitôt à la poursuite des Autrichiens, qui avaient pris la route de Milan. Son projet était de soulever la Lombardie.

CHAPITRE XVII.

—

Guerre d'Italie : Mouvement de conversion de l'armée française. —
Combat de Palestro ; le 3e régiment de zouaves.

Un grand mouvement s'opéra tout-à-coup dans notre armée, et la véritable attaque commença. Les quatre corps échelonnés sur la rive droite du Pô, au lieu de continuer à descendre le fleuve, le remontèrent ; se remplaçant les uns les autres, se dérobant derrière un rideau de troupes et trompant toujours l'ennemi, ils franchirent le fleuve à Casale. Les Autrichiens nous croyaient encore à Voghera que le 4e corps (général Niel), devenu tête de colonne, arrivait à Vercell, suivi bientôt du 3e corps (maréchal Canrobert), du 4e (général de Mac-Mahon), du 1er (maréchal Baraguey d'Hilliers).

Le 30 mai, le 3e corps reçut l'ordre de se diriger sur Prasolo et de traverser la Sessia en cet endroit. Pour traverser ce passage, le roi Victor-Emmanuel fit attaquer Palestro, où l'ennemi s'était retranché : les Piémontais parvinrent à s'y établir après une lutte terrible dans les rues. Un pont fut jeté dans la nuit sur la rivière et, le 30, à six heures du matin, une première division du 3e corps atteignit l'autre rive. Les Autrichiens vinrent alors attaquer avec de grandes forces les lignes piémon-, taises, dans le but de reprendre Palestro et d'empêcher, s'ils le pouvaient, la jonction du 5e corps avec l'armée Sarde.

Le 5e régiment de zouaves, envoyé la veille par l'Em-pereur au roi Victor-Emmanuel, pour opérer avec l'ar-mée piémontaise, établissait en ce moment son bivouac en avant et un peu à droite de Palestro. Entendant une vive fusillade, ils lèvent le camp, et, se déployant en tirailleurs dans les champs de blé, ils refoulent les tirail-leurs autrichiens, qui avaient traversé à gué un canal profond pour déborder notre droite. L'ennemi avait mis huit pièces en batterie derrière le canal. Les zouaves jettent un coup-d'œil sur la position, puis le colonel Chabron pousse un formidable cri de : *En avant!* et, aussi rapides que l'éclair, tous s'enfoncent dans la vase, jusqu'à la ceinture et arrivent sur la batterie sans brûler une amorce. Ils renversent à la baïonnette ou précipitent dans l'eau les compagnies de soutien, s'emparent des pièces et font cinq cents prisonniers. Les Autrichiens pri-rent la fuite. Le lendemain, l'Empereur remercia de leur conduite héroïque les soldats du commandant Chabron, en les signalant, par un ordre du jour, à toute l'armée.

Un mot peint admirablement cette belle troupe, dont la marche à travers la Kabylie restera dans l'histoire de notre conquête africaine. Quelqu'un disait, après ce combat, à un officier d'état-major : « Le 3e zouaves a, beaucoup perdu, on parle de cinq cents hommes. — Cinq cents hommes au 3e zouaves ! répondit-il. Le régiment a deux mille cinq cents hommes, le colonel fera ce soir l'appel, et il en retrouvera deux mille huit cents ! Ils repoussent ! — « Ils repoussent ! » Cela seul résumait l'histoire de nos vaillants régiments d'Afrique et de Crimée.

Le même jour, le roi de Sardaigne adressa aux siens une proclamation dans laquelle il donnait au 3e zouaves le surnom d'*incomparable*. S'il était content de nos soldats, eux aussi étaient enthousiasmés de sa bravoure pendant la bataille, et, après la victoire, ils voulurent témoigner leurs sentiments à son égard en lui offrant les pièces de canons qu'ils venaient de conquérir. Voici ce que racontait, à peu de jours de là, dans le journal l'*Illustration*, un témoin oculaire de cette scène :

« Vous auriez été heureux de voir douze à quinze zouaves attelés à une pièce de canon qu'ils amenaient chez le roi. Ils étaient magnifiques de pose ; un entre autres, avec son front saignant à travers le bandage qui le couvrait, poussait à la roue, une main fièrement appuyée sur la pièce, dont il semblait réclamer une part pour prix de son sang. » L'auteur de la lettre ajoutait : « Je ne vous dirai rien de l'aspect du champ de bataille ; c'est un de ces tableaux à émouvoir les plus endurcis. En certains endroits, le sol était couvert de débris autrichiens : des sacs, des coiffures, des armes, des cartouchières. Il semblait que l'ennemi eût abandonné tout ce qui pouvait le gêner dans sa fuite. Mais ce qu'il y a de véritablement attendrissant, ce sont ces scènes de l'enlèvement des blessés, dans lesquelles ces mêmes hommes qui venaient

de porter la mort en faisant eux-mêmes un noble sacrifice de leur vie, viennent, avec une sorte de tendresse, enlever ceux qui souffrent, leur donner à boire comme ferait
une sœur de charité, et prodiguer de ces paroles affec-
tueuses, prononcées d'une voix qu'ils s'efforçaient de rendre douce et persuasive. Je voyais deux zouaves, le fusil
en bandoulière, relever un jeune Autrichien blessé. Ces
deux mâles visages, bronzés par le soleil d'Afrique, qui
portaient encore autour des lèvres les traces noires des
cartouches déchirées un instant auparavant, se pen-
chaient maternellement sur ce blond jeune homme, et,
en lui frappant amicalement dans les mains et sur la
joue, lui disaient : « Ce ne sera rien, va; tu seras bientôt guéri ! » Et ils le plaignaient sincèrement, et ils prenaient mille précautions pour l'enlever sans le faire souffrir. C'est là encore un des caractères de nos soldats, si
féconds en contrastes. Ils sont bouillants dans l'action,
et d'une douceur attendrissante quand le danger a cessé,
et qu'ils n'ont plus que des devoirs de frères à remplir
envers les blessés. »

Quant à nos propres blessés, le même écrivain s'exprimait ainsi :

« A côté de la poésie du combat et après l'enivrement
de la victoire, il y a la chose affligeante, celle des douleurs
à soulager. C'est l'aspect fâcheux de la situation, que nous
savons cependant rendre encore supportable et souvent
même intéressante. Au milieu de leurs maux, nos soldats
ne se plaignent pas, et si quelquefois un cri sort de leur
bouche, c'est, pour ainsi dire, involontairement et en faisant effort pour le réprimer. Nos ambulances n'ont donc
pas cet aspect attristant qu'on pourrait leur supposer;

c'est, au contraire, le lieu où l'on peut prendre sur le fait tout le beau côté de notre armée, qui supporte aussi courageusement ses maux qu'elle montre d'énergie dans l'action. L'église de Palestro fut ouverte pour recevoir les blessés français, sardes et autrichiens Sur la paille, jetée à la hâte, tout le monde fut couché, et, dans la journée même, tous reçurent les soins que réclamait leur état. L'Empereur vint visiter l'ambulance, donnant à tous des consolations. »

La religion leur en fournissait aussi, car, dans un pareil moment, il n'en était aucun qui ne se souvînt des enseignements qu'il avait reçus de sa mère ; une lettre des plus intéressantes, écrite par un prêtre qui servait en volontaire dans les hôpitaux de l'armée, ne laisse aucun doute à cet égard.

« Depuis un mois, disait ce digne ecclésiastique, j'ai parlé peut-être à six mille malades ; je puis l'assurer, je n'ai pas entendu un seul blasphème, une seule parole inconvenante. J'ai trouvé, dans nos soldats, au sein de cuisantes douleurs, une grande dignité, mariée à une jovialité dont ils ont seuls le secret. Dans tous les hôpitaux, il m'est arrivé de convoquer les convalescents au milieu de la cour au son du clairon Là, ils ont entonné *Esprit-Saint* avec un entrain admirable, et, monté sur un banc ou sur une table, j'ai pu promener mes regards sur un cercle immense de héros mutilés. Hé bien ! tous ces sublimes écloppés, dont la plupart portaient une ou deux balles autrichiennes dans leur blague, dont plusieurs ont leur mâchoire dans leur porte-monnaie, pleuraient comme des enfants quand je leur enseignais l'art de faire un cœur de martyr avec un cœur de héros !

» Quand j'arrive dans un hôpital avec quelques paquets
de cigares, je m'approche d'un blessé quelconque, je lui
cause du bon Dieu, puis, tout haut, je raconte les nou
velles les plus récentes... Tous mes loustics, en entendant
parler de Vérone, se lèvent, mettent leurs pantalons, ac-
courent, forment un cercle... Peu à peu j'arrive en glissant
tout doucement à des chapitres plus utiles ; sans avoir
l'air, je finis par trouver le moyen de réfuter leurs pré-
jugés, et tous de s'écrier : « C'est pourtant vrai ! » Parfois il s'en trouve un qui veut faire le malin, et qui dit :
« Monsieur le curé, je vous avoue que je ne suis pas
un bigot ; mais je ne crois qu'à ce que je vois. » Le
cercle attentif se demande comment je me tirerai
de là.

» Je pourrais répondre par un beau chapitre de Pascal,
mais le zouave aime le chemin le plus court ; je dis donc
à mes philosophes : « Mes amis, croyez-vous à vos
boyaux ? » — « Si j'y crois ? Parbleu, fallait bien y croire
avant-hier, que j'avais une colique de diable ! » — « Les
avez-vous vus ? » — « Oh ! pour le coup me voilà flam-
bé !... » Et les autres de s'écrier : « Camarade, vois-tu ,
t'es une bête, faut pas s'y frotter avec notre aumônier,
c'est un zouave du bon-Dieu.... »

« Comme vous le voyez, cher ami, je vous raconte sim-
plement ce que je vois, ce que j'entends ; je n'exagère
rien, je ne fais pas de rhétorique. Je puis m'abuser, mais
je suis fou de nos soldats. On parle des anachorètes ;
mais toute notre armée d'Italie est une armée de deux
cents mille anachorètes, qui souffrent tous sans mur-
murer. Il leur faudrait, pour être des saints, deux cho-

ses : l'état de grâce et la pureté d'intention. Hé bien !
croyez-le, il y en a beaucoup qui en sont là.

» Si le sensualisme peuple l'enfer, c'est l'austérité qui
peuple le ciel. Pour beaucoup, si la guerre n'est pas la
vertu, elle la prépare...

Les esprits forts ne pouvaient après cela douter de la
piété qui animait l'armée d'Italie.1

CHAPITRE XVIII.

Guerre d'Italie : Combat de Turbigo. — Bataille de Magenta.

Alexandrie était resté jusqu'au 34 mai le quartier général de notre armée. La concentration de nos troupes autour de cette place faisait supposer qu'elle serait notre
base d'opérations. Mais les Autrichiens avaient massé
leurs forces de telle sorte que, si nous parvenions à franchir le Pô, nous ne pourrions les attaquer que par des colonnes séparées et manœuvrant dans un pays coupé de
canaux et de rivières, qui ne leur permettraient que difficilement de communiquer entre elles. L'Empereur résolut de tourner ces obstacles, et il y réussit par un mouvement stratégique des plus habiles.

Le 34 mai, l'armée reçut l'ordre de se mettre en mouvement et de franchir le Pô à Casale, dont le pont était demeuré en notre pouvoir ; le passage de la Sessia fut opéré
pour protéger et couvrir notre marche sur Novarre : nos

troupes prirent position dans cette ville, de manière à tenir tête à l'ennemi, s'il se présentait.

Le 2 juin, une division de la garde impériale jeta trois
ponts sur le Tessin à Turbigo, sans trouver aucune résistance, et le corps du général Mac-Mahon traversa la rivière; il fut suivi, le lendemain, par une division de l'armée sarde. Nos soldats furent bientôt attaqués dans leur
position par un corps autrichien, venu de Milan par le
chemin de fer, et ils le repoussèrent victorieusement. Le
même jour, la division Espinasse atteignit le pont de Boffalora et mit en fuite l'ennemi qui en gardait la tête;
comme les Autrichiens ne réussirent pas à le renverser,
le passage ne fut pas interrompu.

La journée du 4 avait été fixée par l'Empereur pour
les prises de possession définitive de la rive gauche du
Tessin. Le corps d'armée du général Mac-Mahon, ren-
forcé de la division des voltigeurs de la garde, et suivi de
toute l'armée du roi de Sardaigne, devait se porter de
Turbigo sur Boffalora et Magenta, tandis que la division
des grenadiers de la garde s'emparerait de la tête du pont
de Boffalora sur la rive gauche, et que le corps d'armée
du maréchal Canrobert s'avancerait sur la rive droite pour
passer le Tessin au même pont.

Mais il arrive malheureusement de ces accidents avec
lesquels il faut compter à la guerre. L'armée du roi fut
retardée dans son passage de la rivière, et une seule de
ses divisions put suivre d'assez loin le corps du général
Mac-Mahon. La marche de la division Espinasse éprouva
aussi des retards, et, d'un autre côté, lorsque le maréchal
Canrobert sortit de Novarre pour rejoindre l'Empereur,
qui s'était porté de sa personne à la tête du pont de Bof-

falora, ce corps trouva la route tellement encombrée qu'il ne put arriver que fort tard au Tessin.

Celles de nos troupes qui touchèrent les premières le sol lombard, se composaient de détachements des trois régiments de grenadiers de la garde et du régiment de zouaves. Ce furent elles qui s'emparèrent du village de San-Marino, situé sur une hauteur et entouré de fossés et d'escarpements naturels qui facilitaient une longue et énergique résistance. Il y eut là un beau fait d'armes accompli. A peine notre colonne débouchait-elle sur la route de Boffalora, qu'une forte détonation retentit, et nos soldats virent apparaître tout-à-coup une nuée d'Autrichiens, qui, cachés dans les blés, dans les broussailles, dans les bouquets d'arbres et dans les maisons, firent une vive décharge sur eux. L'ennemi, installé partout, opéra même un mouvement assez rapide pour envelopper notre colonne et l'arrêter dans sa marche, mais ce mouvement était inutile. En présence du péril, la tactique de nos régiments n'est pas de reculer. Tous s'avancent avec entrain, quelques coups de feu répondent aux décharges des Autrichiens, et le cri : A la baïonnette ! cri toujours magique , retentit dans nos rangs.

Que se passa-t-il pendant deux heures? Je ne saurais le décrire. De dix heures du matin à midi, deux à trois mille hommes tinrent tête à cinquante mille, défendant le terrain pied à pied, luttant corps à corps, prenant et reprenant leurs positions, débusquant l'ennemi des maisons où il se retranchait, débusqués à leur tour, s'emparant jusqu'à cinq ou six fois des embuscades, des sentiers, des jardins, où les cadavres autrichiens s'amoncelaient de minute en minute. Ces deux premières heures furent une horrible et glorieuse mêlée, qui vit tomber nos meilleurs soldats; mais l'ennemi, terrifié par cette résistance héroïque, dut se replier, abandonnant des centaines de blessés, des armes, des munitions, et comptant, dit-on, la moitié de ses hommes mis hors de combat.

Cependant la bataille recommence. L'ennemi a recruté des forces et il revient à la charge avec un effectif de soixante mille hommes. Dans cette circonstance critique, le général Regnault de Saint-Jean-d'Angely et les généraux qui commandaient sous ses ordres firent preuve d'une rare énergie. Le général Cler tomba mortellement frappé, les zouaves perdirent quatre cents hommes et les grenadiers firent des pertes considérables.

Enfin après une longue attente de quatre heures, la brigade Picard, le maréchal Canrobert en tête, arriva sur le lieu du combat. Peu après parut la division Vinoy, du corps du général Niel, que l'Empereur avait fait appeler; puis les divisions Renault et Crochu, du corps du maréchal Canrobert. En même temps, le canon du général de Mac-Mahon se fit entendre dans le lointain. Le 2e corps, retardé dans sa marche, et moins nombreux qu'il n'aurait dû l'être, s'était avancé en deux colonnes sur Magenta et Boffalora. Les Autrichiens avaient concentré une grande partie de leurs forces contre lui en avant de Magenta. L'attaque devint générale, et elle fut terrible. Aux cris de leurs chefs, les soldats s'élançaient sur les rangs ennemis; ils couraient en avant armés de leurs redoutables baïonnettes, et il était vraiment beau de contempler ces intrépides bataillons, tous animés d'une ardeur incroya-

ble. Et pendant que chacun d'eux accomplissait des prodiges, on voyait passer dans les rangs, l'épée à la main,
le maréchal Canrobert, les généraux Espinasse, Mac-
Mahon, Niel, de Failly et bien d'autres, dont la voix dominait le bruit de la fusillade.

. La lutte fut surtout vive à Magenta. L'ennemi défendit
ce village avec un acharnement inouï : on sentait de part
et d'autre que c'était la clef de la position : nos troupes
s'en emparèrent maison par maison, en faisant subir aux
Autrichiens des pertes énormes. Plus de dix mille des
leurs furent tués ou blessés, mais le 2e corps eut lui même
beaucoup à souffrir. A l'attaque du village, le général
Espinasse et son officier d'ordonnance, le lieutenant
Froidefond, étaient tombés blessés mortellement. De leur
côté, les divisions Vinoy et Regnault, sous les ordres du
maréchal Canrobert et du général Niel, ne se conduisaient
pas avec moins de bravoure, et, vers huit heures et demie
du soir, l'armée française était maîtresse du champ de
bataille. L'ennemi se retira alors, en laissant entre
nos mains quatre canons, dont un pris par les grenadiers
de la garde, deux drapeaux et sept mille prisonniers.
On trouva sur le terrain douze mille fusils et trente
mille sacs.

L'Empereur ne s'était pas ménagé dans cette journée :
il avait constamment assisté à la lutte avec le maréchal
Vaillant et son état-major. Tous les soldats l'avaient vu.
Quand, au retour, les blessés passèrent devant lui,
il se découvrit, et les cris de *Vive l'Empereur*! s'élevèrent dans les rangs et se répétèrent au loin.

Telle fut la fameuse bataille du 4 juin, qui nous ouvrit
les portes de Milan : nos fantassins s'y étaient montrés

les dignes fils des héros de Marengo et d'Austerlitz; rien ne pouvait désormais arrêter leur élan. Les généraux Regnault de Saint-Jean-d'Angely, commandant de la garde impériale, et de Mac-Mahon, commandant du 2e corps, furent élevés à la dignité de maréchal; le général de Mac-Mahon, dont la savante manœuvre et l'attaque hardie avaient décidé du succès de la lutte fut en outre créé duc de Magenta.

Une lettre d'un sous-officier du 2e régiment de zouaves renferme sur cette fameuse journée des détails très-circonstanciés. Voici ce que ce jeune homme écrivait le lendemain :

« Le régiment reçut l'ordre de mettre sac au dos à dix heures du matin. Il occupait un plateau à un quart d'heure du Tessin, franchi depuis la veille. Personne ne se doutait de rien. J'écoutais avec plaisir les mille plaisanteries que racontaient nos soldats pour égayer la route, lorsque sur la droite retentit un coup de canon, suivi d'autres coups, et qui nous annonça qu'un combat s'engageait. Quoique formés en bataille, quoique certains d'une attaque sur la droite, les zouaves cheminaient toujours en disant : « Soyez sûrs que c'est une escarmouche, on ne se battra pas aujourd'hui ; les 1er, 3e et 4e corps ne sont pas ici..

» Nous arrivâmes ainsi jusqu'auprès d'un village, où des feux de peloton bien distincts, une vive canonade et la prise d'un officier ennemi surpris dans sa voiture par les éclaireurs, dissipèrent tous les doutes. Alors j'entendis nos vieux africains *marronner* entre leurs dents : « Ah ! coquins, vous voulez du tabac ? on va vous en donner. »

» Rien d'étrange, pour un novice tel que moi, comme l'aspect d'un régiment se préparant au combat. Le sang-froid de nos zouaves faisait mon admiration. Chacun, au mot de bataille, fronça le sourcil; les mains tenaient avec une impatience visible la crosse des armes; et, les narines gonflées, ils semblaient vouloir écraser l'ennemi. Le vrai soldat ressemble à un chasseur de bêtes fauves; il a la même émotion que le tueur de lions ou le chasseur de panthères. Aussi tous armaient leur carabine, visitaient leurs amorces, disposaient leurs cartouches à portée de leurs mains, s'assuraient du piquant des sabres, et tout cela avec la conscience d'hommes qui ont l'intention de frapper le plus d'ennemis possible. A voir ce calme, un poltron eût été rassuré.

» Alors on marcha en avant, et l'on arriva, rangés en bataille, à une briqueterie, qui devint le pivot de la deuxième division. Mais déjà le feu avait commencé : en avant du front de bataille, la 1re compagnie du 1er bataillon avait rencontré les tirailleurs ennemis et les avait chargés. Toutefois, il est bon, pour comprendre le rôle des zouaves, d'embrasser d'un regard tout l'ensemble de la bataille.

» En face de nous était Magenta, le point à enlever, distant d'une demi-heure ; à droite se trouvait la division de la garde, dont nous entendions le canon et qui tenait tête à l'ennemi. A la briqueterie étaient les zouaves ; à leur gauche les 1er et 2e régiments étrangers, le tout formant la 2e brigade, et toujours en se prolongeant à gauche, la 1re brigade et notre 2e division. L'ennemi marchait sur nous, formant un immense demi-cercle. Le plan de Giulay était de nous isoler de la garde et de nous

faire tous prisonniers. Notre première compagnie soutenait le feu, quand le capitaine Vincendon vint annoncer
qu'il était aux prises avec l'ennemi, et qu'avec du renfort,
il pouvait faire beaucoup de prisonniers. Les généraux
Espinasse et Castagnet prirent alors leurs dispositions.
Le coup d'œil était saisissant. Les balles commençaient
à passer comme une averse de grêlons, et, à cheval auprès de deux généraux, le colonel Tixier écoutait leurs
instructions, exposé à tous les coups, et comme s'il se fût
agi d'une petite guerre. Un silence profond régnait sur
le champ de bataille; on savourait cette émotion âcre
et poignante qui précède l'heure du combat, émotion si
chère aux organisations fortes, qui charme comme la
vue d'un drame grandiose et qui ne s'oublie jamais. Soudain parurent les uniformes blancs. Le colonel cria :
« Le premier bataillon, à la baïonnette ! » Et, comme un
seul homme, le bataillon se leva d'un bond; une clameur
sinistre comme un rugissement sortit de mille poitrines :
c'était le cri de guerre des zouaves, clameur stridente
qui entraîne, électrise ceux qui la poussent, et glace d'effroi l'ennemi. Puis le bataillon s'élança sans s'arrêter,
sans prendre garde aux balles, aux blessés; les zouaves
frappaient, frappaient encore, et les baïonnettes sortaient rouges de sang des poitrines ennemies.

» Le pays était boisé, et les ennemis ne pouvaient voir
à quel nombre d'hommes ils avaient affaire. Vous peindre la stupéfaction avec laquelle les Autrichiens virent
cette bande de soldats en costume étrange, aux cris rau-
ques, à l'élan terrible, se précipiter sur eux, est chose
impossible. Pendant dix minutes, l'étonnement les cloue
sur place ; puis ils firent demi-tour, se pressant les uns

contre les autres, et n'opposant que des masses de chair
à la pointe des baïonnettes. Mais on arriva non loin du
village, dans un pays découvert, et les officiers autrichiens ne virent alors qu'une poignée d'hommes, la poitrine nue, la lèvre écumante; ils résolurent de rallier
leurs soldats et de soutenir le choc de ceux qu'ils
croyaient si nombreux et effrayés par de formidables réserves.

« La légion étrangère, qui, elle aussi, s'était élancée,
se trouvait réunie aux zouaves. Aux cris des officiers, les
masses ennemies se formèrent en carré, des renforts tout
frais arrivèrent, et doublèrent les forces de nos adversaires; un instant la légion étrangère et les zouaves furent débordés par des flots d'Autrichiens. On ne peut se
faire une idée de la fatigue et de la soif qu'éprouvèrent
alors les combattants; les jambes fléchissaient sous le
poids du corps, la chaleur étranglait la voix dans la gorge;
tous étaient épuisés, haletants. En se voyant cernés, une
rage nouvelle et indicible vint raviver leur courage.

» Zouaves et légionnaires avaient toujours combattu
côte à côte, et une immense clameur avait retenti : « Sau-
vez le drapeau de la légion !.. » Un drapeau compromis,
c'était assez pour rendre tout le monde ivre de colère.
Une charge irrésistible refoula l'ennemi sur la gauche ;
puis le torrent changea de direction et vint déborder sur
la droite, renversant sur son passage un carré ennemi.
Alors la confusion se mit de plus belle dans leurs rangs,
et Croates, Tyroliens, Hongrois, tous s'enfuirent dans
Magenta. Il fallut attendre du renfort pour remporter
cette position, défendue par de l'artillerie et des troupes
qui n'avaient pas encore combattu. Mais embusqués en

tirailleurs, les nôtres firent pleuvoir une grêle de balles sur l'ennemi, qui fut ainsi contenu jusqu'à l'arrivée du corps d'armée. Pendant ce temps, les 2e et 3e bataillons, l'oreille tendue dans la direction de Magenta, attendaient le résultat de la charge poussée par cent frères d'armes. L'artillerie tirait à leur droite. Mais grande fut la surprise de nos cannoniers quand ils se virent entourés de Croates.

» C'était une division de dix mille hommes qui avait pu s'avancer ainsi au milieu des arbres, et surpendre, pour ainsi dire, notre artillerie. Si, en face de cette force supérieure en nombre, les mille deux cents zouaves qui se trouvaient là eussent hésité, la bataille était perdue. Dans ce mouvement de flanc, le reste du corps d'armée qui était en avant se trouvait cerné. Mais au commandement donné par Espinasse, le général Castagnet dirigea une charge, la plus brillante peut-être et la plus décisive dont l'histoire puisse jamais faire mention. Les Autrichiens, cloués sur les pièces par nos hommes, furieux de leur audace, perdirent contenance. Ils luttèrent quelque temps ; mais bientôt ils s'enfuirent en désordre, laissant entre nos mains un drapeau entier, la hampe d'un autre drapeau et quatre cents prisonniers.

» Ce fut alors que le général Espinasse reçut l'ordre du général de Mac-Mahon d'enlever Magenta. Il se mit à la tête de sa division, arriva intrépidement devant Magenta, et s'élança avec sa colonne, à laquelle s'étaient ralliés le 1er bataillon de zouaves et la légion étrangère. Mais en ce moment le vaillant chef reçut une balle qui le renversa de cheval. Son neveu, qui faisait partie de son état-major, se précipita vers lui, et le feu était si nourri

6.

sur ce point qu'il tomba mort à son tour. Les zouaves,
malgré la grêle qui hachait la terre sur ce point, s'élan-
cèrent où le général venait d'être frappé, et, pour que
son cadavre ne fût pas mutilé, ils lui firent, eux vivants,
un rempart de leur corps. Si le corps du général fût resté une minute de plus seulement par terre, il eût été percé de mille coups.

« La mort de leur chef mit au cœur des soldats une
sorte de rage ; les cris cessèrent, mais les rangs se ser-
rèrent, et, sous une pluie de projectiles, les Français pénétrèrent dans les rues, résolus à faire payer cher à l'ennemi la perte que l'armée venait d'éprouver. En un clin
d'œil, les maisons étaient fouillées, vidées, et bien heureux
les Autrichiens qui s'étaient rendus prisonniers en
masse, car cette lutte prolongée commençait à exalter le
soldat outre mesure. Du reste, ils ne pouvaient s'échapper. »

« Tout d'abord ils essayèrent de *faire des façons*, comme disaient les zouaves. Ils étaient quatre à cinq mille dans
une église ; fantassins, zouaves, légionnaires, arrivèrent,
et, comme ils formaient déjà la courte échelle pour atteindre
les fenêtres, le colonel Texier arriva. — « Rendez-vous !
cria-t-il à un colonel autrichien. — Nous voulons défendre ce poste ou mourir ! » répondit fièrement l'officier.
— « Une minute encore, ajouta notre chef, et je vous fais
jeter par les croisés ! » — « Oui, hurlèrent en chœur nos
soldats, en brandissant leurs fusils. A cette vue, les Autrichiens se rendirent, et force fut au colonel de remettre
son épée en pleurant de rage.

« Si le général Espinasse est mort glorieusement, Mac-
Mahon n'a échappé que par un miracle. Il accourt au

moment où l'on allait enlever Magenta. Les Autrichiens
virent une escorte et des uniformes brillants; ils dirigent là
tous leurs coups : mitraille, obus, balles, tout cela a grondé
sur la tête d'un homme cher aux soldats et précieux pour la
France. Pendant tout ce temps, Dieu sait si notre cœur se
serrait quand une boîte à balles ou un boulet sifflait de ce
côté. Enfin il a été préservé, grâce à une protection du
ciel; car si la main de Dieu ne s'était pas étendue sur
lui, vingt fois déjà il serait mort. Le soldat l'aime au
point de se faire hacher pour lui. Vingt jours après, l'Empereur devait nous donner, à Solferino, de pareilles crain-
tes pour sa vie.

» Telles furent, pour le 2e zouaves en particulier, les
phases de la bataille qui nous livra la Lombardie. »

« Il faut ici comprendre par quels moyens l'armée
française a pu vaincre. C'est, d'une part, l'héroïque résistance des grenadiers ; de l'autre, l'élan des troupes d'A-
frique. Pendant que cette belle division de la garde renouvelait, avec plus de succès, la résistance désespérée de
Waterloo, et s'élevait à la hauteur des vieux grognards
du Ier empire, les africains prouvaient, une fois de plus,
sur un champ de bataille européen, la supériorité de la
tactique que la guerre arabe les a forcés d'adopter.

« Fidèles aux vieilles coutumes, nos adversaires n'ont
de tirailleurs que juste ce qu'il en faut pour éclairer leur
marche. Quand le feu s'engage, ils se forment en bataille
en rangs serrés et marchent, l'arme au bras et au pas.
Nous, au contraire, nous développons une nombreuse
ligne de tirailleurs qui fait ravage dans cette masse, et
se trouve presque à couvert de son feu ; puis, quand le
moment est propice, nos colonnes s'élancent sans

conserver l'ordre de bataille, chacun suivant son inspiration. Grâce à l'intelligence, à l'agilité naturelle des hommes, il n'y a jamais d'hésitation, de méprise. Une foule laissée à elle-même, dont chaque individu suit son initiative, agit néanmoins avec un ensemble admirable. Au moindre indice de danger, elle sait se rallier, se porter à droite ou à gauche, et lorsqu'une charge de cavalerie soulève au loin la poussière, tous en un clin d'œil sont à leur rang, à leur place, et forment le carré. D'une part, les Autrichiens chassés ne peuvent avoir l'élan nécessaire pour une charge et se font décimer ; d'une autre part, les nôtres ont la rapidité qui double la force et la facilité de cribler l'ennemi de balles. »

« Voici maintenant quelques faits particuliers.

» Les turcos sont chargés par les hulans. Une inspiration subite les saisit. Ils ouvrent les rangs, les laissent entrer dans le carré, le referment et les font prisonniers. Les Autrichiens en sont ébahis; il y a de quoi ! Les turcos se font une drôle d'idée des Piémontais. Ils ont vu leurs montagnes, et ils croient qu'ils vivent en tribus comme eux. Il est de fait que les pauvres villages de ces montagnards ressemblent à ceux des Kabyles, et plus d'un site nous a rappelé le Djurjura. Donc, mes turcos les appellent Beni-Montais, et sont convaincus qu'ils sont les Kabyles de la France.

« M. Vincendon, capitaine des zouaves, a fait l'admiration du régiment; il est resté au milieu des Autrichiens jusqu'à ce qu'un cheval tué sous lui et deux blessures l'aient forcé à se retirer. Quand ce vaillant officier eut été blessé au bras droit, il passa son sabre dans sa main gauche et continua à sabrer. »

A ce que dit le sous-officier de zouaves des turcos, j'ajouterai ce qu'en a écrit un chroniqueur de la guerre d'Italie. « Ils ressemblent aux zouaves par la crânerie de la tournure et la coupe orientale du costume ; à la différence de la couleur près ; leur uniforme est bleu de ciel passementé de jonquille et leur turban blanc. L'un de leurs deux premiers commandants fut le chef de bataillon, depuis maréchal Bosquet, dont ils ont conservé le culte traditionel, et qu'ils nommaient, quand il fut sorti de leurs rangs, « le général à la grosse tête, » ou bien le général tout court, n'admettant pas, apparemment, qu'il en pût exister un autre. Il faut savoir que les Arabes ont surnommé le lion, qui leur cause tant d'effroi, « le seigneur à la grosse tête. » Ce sobriquet n'était donc pas une mince louange pour le maréchal Bosquet.

« L'élément africain domine chez les turcos comme chez les premiers zouaves. Mais le séjour des villes d'Algérie façonne vite à notre langue, et même un peu à nos mœurs, cette race éminemment éducable.

« Comme bravoure, les turcos ne le cèdent pas aux zouaves, et, comme eux, ils ont la passion d'user de la terrible lame triangulaire qu'ils portent au bout de leur fusil. M. de Bazancourt rapporte qu'en Crimée ils disaient : « Toujours boum ! boum ! toujours canon ! ça nous anime ! Quand est-ce donc qu'on va prendre Sébastopol à la boïonnette ?

« Il n'y avait, dans l'origine, que deux bataillons de turcos. Un décret d'octobre 1854 a formé trois régiments qui ont reçu la détermination officielle de : « tirailleurs algériens. » Cette création a été fort heureuse. Ils prirent une part brillante à diverses affaires, et particulièrement au combat de Turbigo.

« Au début de l'affaire, le colonel Tixier, des zouaves, était à cheval et le point de mire de toutes les balles; pas une ne le toucha; je l'ai vu sourire ironiquement, et d'autres l'ont entendu dire : « Ce n'était pas la peine de vanter ces tyroliens; ou ce sont des maladroits; ou la peur les fait trembler ! »

» Un vieux zouave reçoit une balle dans la poitrine, et sent qu'il va mourir; il supplie les soldats du train, qui voulaient l'enlever, de l'appuyer contre un arbre face à l'ennemi. « J'étais assez vieux, dit-il, pour faire un mort, et je vais mourir, je le sens bien : mais je veux voir enlever le village, et puis je serai content. » Deux heures après, il expirait les yeux fixés sur le drapeau français qui flottait dans les airs au-dessus de Magenta. »

Cette victoire fut pour nous d'une grande importance : elle eut pour résultat l'abandon par les Autrichiens de Pavie et de Milan, et bientôt l'affranchissement de la Lombardie entière.

CHAPITRE XIX.

Guerre d'Italie : Entrée à Milan. — Combat de Meleguano (Marignan). — Mouvement de Garibaldi. — Les pontonniers. — Révolution en Toscane, à Parme et à Modène.

La bataille de Magenta était gagnée vers huit heures. Dès sept heures et demie, la tête des colonnes autrichiennes traversait, dans le plus complet désarroi, l'un des faubourgs de Milan ; l'ordre ne se rétablit un peu que sur le Champ-de-Mars. La garnison et l'armée ne pouvaient rester dans la ville quand les alliés victorieux étaient aux portes, et la population disposée à se soulever ; la retraite sur l'Adda fut ordonnée : le défilé dura toute la nuit. Pendant ce temps-là, le peuple pénétrait dans la citadelle, et enlevait sans obstacle les armes de l'arsenal, les munitions et les effets militaires.

Le lendemain matin, 5 juin, Milan était libre ; les adjoints, en l'absence du podestat, qui avait disparu, rédigèrent un acte par lequel ils demandaient, au nom de leurs concitoyens, l'annexion de la Lombardie au Pié-

mont. Ils partirent ensuite pour aller présenter cet acte
au roi Victor-Emmanuel à son quartier-général, après
avoir invité les habitants, par une proclamation, à accueil-
lir chaleureusement les troupes alliées.

La population se fit un devoir de répondre à cet appel.
Longtemps avant l'arrivée des premières colonnes françaises, elle couvrait les deux côtés de la route depuis la
rotonde du Simplon jusqu'à la cathédrale. Vers dix heures, le maréchal de Mac-Mahon parut à la tête de ces
troupes, qui appartenaient à son corps d'armée : il fut
acclamé avec enthousiasme. A partir de ce moment, la
capitale de la Lombardie fut, pendant dix jours, dans un
état de surexcitation dont il serait difficile de donner une
idée : toutes les rues étaient pavoisées de drapeaux, les
mouchoirs s'agitaient aux fenêtres, une pluie de fleurs
tombait sur nos vaillants soldats. A peine les armes
étaient elles déposées, que chacun s'emparait de l'un
d'eux et le traitait dans sa famille comme un frère. Les
blessés qui arrivaient par le chemin de fer recevaient
dans les maisons des habitants les soins les plus dé-
voués.

L'Empereur et le roi firent leur entrée dans la ville le
jour suivant. A sept heures du matin, le Corso était déjà
envahi par une multitude immense ; les dames, aux balcons et aux fenêtres, tenaient à la main d'énormes bouquets et des lauriers. Les deux souverains parurent vers
sept heures un quart, les cent-gardes marchaient en tête
du cortége ; lorsqu'ils arrivèrent sur le Corso, les vivats
éclatèrent pour ne plus s'interrompre. La foule se précipitait sur les chevaux des deux princes, ou cherchait
à prendre les mains de l'Empereur, les vieillards lui

montraient leur médaille de Sainte-Hélène, des femmes
élevaient leurs enfants au-dessus de leurs têtes. L'exaltation allait jusqu'à la frénésie.

Aucun des deux souverains ne voulut habiter le palais
royal; le roi de Sardaigne descendit au palais Basca, et
l'Empereur à la villa Bonaparte, ancienne habitation de
sa famille; mais il en sortit bientôt à cheval et alla visiter les blessés dans le grand hôpital, où beaucoup
avaient été installés : quand il revint, la foule l'entoura
de nouveau, lui barrant le passage, pour qu'on eût le
temps de lui jeter des fenêtres, à lui et à son escorte, des
fleurs et des couronnes.

Quelques instants après, on afficha sur les murs de la
ville une proclamation de l'Empereur aux Italiens et un
ordre du jour à l'armée, qui produisirent une impression
profonde non-seulement sur la population, mais aussi à
Paris et dans toute la France; L'Empereur y renouvelait
les engagements solennels qu'il avait pris en répondant
à la provocation de l'Autriche. La proclamation au peuple italien était un énergique appel au patriotisme; l'ordre du jour à l'armée résumait admirablement les prodiges accomplis depuis l'ouverture de la campagne.

L'Empereur, après avoir rappelé à ses soldats ce qu'ils
avaient fait depuis dix jours, ajoutait : « Mais tout n'est
pas terminé »; et, comme pour affirmer ses paroles, au
moment même où les habitants lisaient dans les rues la
proclamation, une lutte sanglante s'engageait à quelques
lieues de là, à Melegnano. Un nouveau succès allait
illustrer la ville où François Ier remporta, trois cent
quarante-quatre ans auparavant, une victoire célèbre sur
les Suisses et sur le duc de Milan.

Les nouvelles arrivaient de quart-d'heure en quart-
d'heure au quartier général. Le combat avait commencé
un peu avant six heures du soir et ne s'était terminé
qu'à huit heures et demie ou neuf heures ; tout Milan apprit que nous avions été victorieux une fois de plus, et des
applaudissements sans fin retentirent : ce ne furent que
des acclamations pendant toute la nuit. Le lendemain fut
encore un véritable jour de fêtes lorsque l'artillerie revint du champ de bataille ; les habitants recommencèrent
à répandre des fleurs sur son passage ; chaque pièce entrait en ville ornée de branches de laurier.

Quant aux détails de la lutte, bien que cette fois,
comme à Montebello, mon régiment y eut pris une part
active, je ne puis mieux les faire connaître qu'en trans-
crivant ici le rapport adressé à l'Empereur par le maréchal Baraguey-d'Hilliers. Le maréchal s'exprimait
ainsi :

Méléguano, le 10 juin 1859.

» Votre Majesté m'a donné l'ordre hier de me porter
avec le 1er corps sur la route de Lodi, de chasser l'ennemi de San-Giulano et de Mélegnano ; en me prévenant
que, pour cette opération, elle m'adjoignait le 2e corps,
commandé par le maréchal de Mac-Mahon. Je me suis
porté immédiatement à San-Donato pour m'entendre
avec le maréchal, et nous sommes convenus qu'il attaquerait avec la 1re division San-Giulano ; qu'après avoir
déposté l'ennemi, il se dirigerait sur Carpianello pour
passer le Lombro, dont les abords sont très-difficiles, et
que de là il se dirigerait sur Médiglia.

» La 2e division devait prendre, à San-Martino, la route qui, par Trivulzo et Casanova, la conduisait à Bettola, et se dirigeait sur la gauche de Médiglia, de manière à tourner la position de Melegnano.

» Il fut convenu que le 1er corps se dirigerait tout entier sur la grande route de Melegnano, enverrait, à droite, au point indiqué sur la carte «Beltoma», la 1re division, qui, passant par Civesio, Viboldone, irait à Mezzono, établirait sur ce point une batterie de douze pièces pour battre Pedriano d'abord, et plus tard le cimetière de Melegnano, où l'ennemi était retranché, et où il avait établi de fortes batteries;

« Que la 2e division du 1er corps, après avoir quitté San-Giulano, se porterait sur San-Brera, et y établirait également une batterie de douze pièces pour battre le cimetière et enfiler la route de Melegnano à Lodi;

« Qu'enfin la 3e division du même corps se dirigerait directement sur Melegnano et enlèverait la ville, concurremment avec la 1er et 2e division, dès que le feu de notre artillerie y aurait jeté du désordre.

« La 1re division, laissant Melegnano sur sa gauche, eut ordre de se porter sur Cerro; la 2e et la 3e sur Sordio, où elles devaient se mettre en rapport avec le 2e corps, qui, par Dresano et Leasalmajocco, s'y dirigeait également.

« Pour que ces combinaisons pussent avoir un plein succès, il fallait que le temps ne manquât pas à leur développement, et, en me prescrivant d'opérer le jour même de mon départ de San-Petro-l'Olmo, Votre Majesté rendait ma tâche plus difficile, car la tête de la 3e division du 1er corps ne put entrer en ligne qu'à trois heures et demie, tant la route était embarrassée par les convois des 2e et 4e corps. Cependant, à deux heures et demie, je donnai l'ordre au maréchal de Mac-Mahon de marcher sur San-Giulano : il n'y trouva pas l'ennemi, passa le Lombro à gué, quoiqu'un pont fût jeté sur la carte à Carpianello, et continua son mouvement sur Mediglia.

« A cinq heures et demie, la 3e division du 1er corps arriva à mille deux cents mètres de Melegnano, occupé par l'ennemi, qui avait élevé une barricade à environ cinq cents mètres en avant sur la route, et avait établi des batteries à l'entrée même de la ville, derrière une coupure, à hauteur des premières maisons. J'ordonnai au général Bazaine de disposer sa division pour l'attaque : un bataillon de zouaves fut jeté en avant et sur les flancs en tirailleurs. L'ennemi nous accueillit par une canonnade qui pouvait devenir dangereuse, parce que ses boulets enfilaient la route sur laquelle nous devions marcher en colonne.

« Notre artillerie répondit avec succès à celle des Autrichiens, et le général Forgeot, avec deux batteries, et les tirailleurs de la 1er division à Mezzano, appuya sur notre droite l'attaque que nous allions faire. Je fis mettre les sacs à terre et lancer au pas de course sur la batterie ennemie le 2e bataillon de zouaves, suivi par toute la 1re brigade. Les Autrichiens avaient garni d'une nuée de tirailleurs les premières maisons de la ville, la coupure de la route et le cimetière, et cependant ils ne purent résister à l'élan de notre attaque, battirent en retraite à droite et à gauche, firent une vigoureuse résistance dans les rues, au château, derrière les haies et les murs des jardins, et furent complètement chassés de la ville à neuf heures du soir.

« La 2e division, à son arrivée près de Melegnano, prit à gauche de la 3e, suivit la rivière, et prit ou tua les ennemis que nous avions déjà chassés du haut de la ville et dépassés. Le maréchal de Mac-Mahon put même envoyer aux Autrichiens des balles et des boulets sur la route de Lodi ; il s'était porté, au bruit de notre fussillade, à Colognio.

« La résistance de l'ennemi a été vigoureuse. On s'est plusieurs fois abordé à la baïonnette : dans l'un des retours offensifs des Autrichiens, l'aigle du 33e, un instant en péril, a été bravement défendue.

« Les pertes de l'ennemi sont considérables : les rues et les terrains avoisinant la ville étaient jonchés de leurs morts : cent vingt mille blessés autrichiens ont été portés à nos ambulances ; nous avons fait de huit à neuf cents prisonniers et pris un pièce de canon. Nos pertes s'élèvent à neuf cent quarante trois hommes ou blessés ; mais, comme dans tous les engagements précédents, les officiers ont été frappés dans de larges proportions ; le général Bazaine et le général Goze ont été contusionnés ; le colonel et le lieutenant-colonel du 43e ont été blessés ; il y a en en tout treize officiers et cinquante six officiers blessés.

« J'ai l'honneur d'envoyer à l'Empereur, avec l'état de ces pertes, les propositions faites par les généraux de division et approuvées par moi. Je le prie d'y avoir égard, et de traiter le 1er corps avec sa bienveillance habituelle.

« Je lui recommanderai particulièrement le colonel

Anselme, mon chef d'état-major, proposé pour général de brigade; le commandant Foy, proposé pour officier de la Légion d'Honneur; le capitaine de Ramband, pour lequel j'ai demandé déjà de l'avancement, et M. Franchetti, sous-officier du 1er chasseurs d'Afrique, mon porte-guidon, qui a été blessé à mes côtés. »

Pour ce qui me concerne, une balle m'avait touché au bras gauche, et comme c'était la seconde fois que j'étais atteint dans la campagne, je fus nommé capitaine quelques jours après.

Le combat de Melegnano était le complément de la bataille de Magenta; la possesion de cette ville précipitait le mouvement de la retraite de l'ennemi et garantissait la sécurité de la capitale. Ce nouveau triomphe rendit encore plus brillante la cérémonie du *Te Deum* d'actions de grâces qui eut lieu le 9, à la cathédrale. La population entière se pressait aux fenêtres et dans les rues, sur le passage de l'Empereur et du roi. Ainsi que les jours précédents, des bouquets tombaient de toute part à leurs pieds, et des cris joyeux remplissaient l'air.

L'allégresse ne fit pas oublier les blessés. Des ambulances furent établies dans un grand nombre de maisons, et l'on vit des voitures de toute sorte se diriger sur le champ de bataille pour recueillir ceux dont l'état réclamait des secours. De nobles dames ne craignaient pas de descendre de leurs voitures et d'aider à y monter les malheureux qui attendaient qu'on les emportât à Milan.

Dans la soirée, Victor-Emmanuel, cédant aux vœux unanimes de la population, nomma un gouverneur de la

Lombardie. L'Empereur ne voulut nullement intervenir dans les actes ni dans les attributions du nouveau gouverneur. Tout le temps qu'il resta dans la ville, du 8 au 12, il ne s'occupa que de suivre avec soin la marche en retraite de l'armée autrichienne, afin de pénétrer ses desseins.

Pendant que ces grandes choses se faisaient de Montebello à Milan, Garibaldi, dans la Valteline, lançait ses hardis partisans sur les colonnes autrichiennes, les attaquait au moment opportun, et, maître des défilés qui bordent le lac Majeur, se repliait dès qu'il se trouvait en présence d'une force supérieure. Le valeureux condottiere reçut, à Milan, de Victor-Emmanuel la médaille d'or. Après s'être concerté avec les deux souverains sur les opérations futures, il occupa successivement Bergame, Brescia et plusieurs autres points. Les chasseurs des Alpes, emportés par leur ardeur, faillirent être enveloppés par les Autrichiens à Castenedolo, et furent contraints de battre en retraite; mais Garibaldi accourut en toute hâte et força l'ennemi à rétrograder.

L'Empereur quitta Milan le 12. Dans l'après-midi, il fit jeter sous ses yeux deux ponts de bateaux sur l'Adda; en même temps on réparait ceux qui avaient été coupés par l'ennemi.

Ce furent les pontonniers qui les établirent, et leur régiment ajouta, on peut le dire, une belle page à son histoire : l'Adda était grossie par les orages qui avaient éclaté les jours précédents, et, si les Autrichiens étaient en fuite, il eut à combattre les éléments; ce qu'il fit avec autant de courage que de célérité, grâce à l'énergique impulsion du général Lebœuf, qui commandait en chef l'artillerie de l'armée d'Italie.

La création des pontonniers date de 1795. On forma alors un bataillon de huit compagnies ; mais, aujourd'hui, ce corps en comprend seize : douze de pontonniers et quatre de conducteurs. De plus, au lieu de dépendre de l'artillerie comme autrefois, il tient habituellement garnison à Strasbourg, où le voisinage du Rhin permet de l'exercer à la manœuvre des équipages de ponts, et aussi à la confection des ponts de chevalets, de radeaux et de bateaux. Il se recrute principalement parmi les bateliers et les ouvriers en bois et en fer.

Un fait qui se passa quand la garde franchit le Tessin, prouve que cette organisation répond on ne peut mieux, aujourd'hui aux besoins du service.

L'Empereur appela le capitaine qui dirigeait la compagnie, et lui demanda combien il lui fallait de temps pour assurer le passage à l'armée. — Deux heures et demie, sire, en nous dépêchant, répondit-il. L'Empereur tira sa montre : — Capitaine, je vous donne une heure et quart. — Nous tâcherons d'arriver, sire. — Non, ne tâchez pas, arrivez. On amena les premières barques. L'empereur mit pied à terre, et, malgré les observations de ses généraux et de ses aides-de-camp, il sauta ce commencement de pont. Les piquets, peu enfoncés, menaçaient d'être entraînés à la dérive par la violence du courant. On le lui représenta ; il n'écouta même pas.

A mesure qu'on attachait une nouvelle barque, l'Empereur quittait la dernière et sautait sur celle-là ; lorsqu'un ouvrier passait près de lui, il lui disait à demi-voix : « Dépêchez-vous, » et l'autre courait. Enfin une

heure et quart après, le pont était établi sur les deux
rives, et la brigade s'élançait au devant des Autrichiens.
Le capitaine s'essuyait le front, assis sur une pile de
madriers. L'Empereur revint sur ses pas : « Commandant, je vous remercie, lui dit-il en lui serrant la main, »
et il s'éloigna.

L'armée française, après avoir franchi l'Adda, se dirigea à petites journées sur Brescia, où elle entra le 18
par la route de Triviglio, Corvo et Chiari, tandis que l'armée piémontaise suivait une direction parallèle un peu
plus au nord, en passant par Vaprio, Palazzolo et Coz-
zaglio. L'ennemi abandonnait, de son côté, tout le pays
entre la Chiesse et le Mincio, et établissait son quartier
général à Villafranca, un peu en arrière de cette rivière.
Garibaldi occupait Solo, sur le lac de Garde.

La marche du 5e corps à travers la Toscane détermina
aussi les Autrichiens à se retirer de leurs positions dans
les Etats de l'Eglise : ils évacuèrent successivement An-
cône, Ferrare, puis Modène, Reggio, Brescello, Pizzi-
ghaltone et Crémone. Les gouvernements de Parme et de
Modène tombèrent; la duchesse de Parme se réfugia en
Suisse; et le duc de Modène chez les Autrichiens. Ceux-
ci abandonnèrent même Bologne, bien que la déclaration de neutralité des Etats de l'Eglise dût les rassurer
Désespérant de contenir la ville, le gouverneur la quitta
également, et la Romagne suivit le mouvement national.
Ce mouvement était sans doute un appui, mais c'était
en même temps un danger : il tendait à donner à une
guerre politique un caractère révolutionnaire.

A quelques jours de là, nous livrions la plus grande
bataille, qui fut aussi la dernière de cette campagne si

glorieuse, et où nos soldats, les fantassins surtout, allaient montrer de nouveau les qualités précieuses qu'ils possèdent : une abnégation, un dévouement, une modestie extraordinaires. Un spirituel humoriste, M. Jules Richard, écrivit alors à leur sujet les lignes que voici :

« Le fantassin n'a pas cette élégance qui distingue les soldats des régiments d'élite. Il n'a pas l'esprit pétillant de verve et d'entrain qui caractérise certains corps spéciaux ; il n'a pas non plus cette science, cette précision, qui est l'apanage du génie et de l'artillerie, mais il sait remplacer avantageusement les qualités par les vertus.

» Le fantassin est modeste. Il ne cherche pas à intimider les pékins (terme militaire) par des gestes de pourfendeur ; il ne crie pas haut et ne cherche pas à avoir partout la plus belle place. Il ne se vante pas ; mais, quand on le prie de raconter ses campagnes, on est tout surpris, en entendant son récit toujours simple et vrai, de voir en lui un héros d'autant plus grand qu'il n'est pas fanfaron.

» Quand la France a réclamé son bras, il a quitté la charrue pour le fusil ; mais, en arrivant au régiment, il n'a pas quitté la simplicité rustique de ses manières. Il aime le champ qui l'a vu naître, il se souvient toujours du toit de chaume de ses vieux parents qui l'attendent. Il sait que son vieux père, affaibli par l'âge, ne peut plus tracer vigoureusement son sillon, et sa mère, sa pauvre mère, qui l'aime tant, il la voit courbée sous sa quenouille, réfléchissant, les larmes aux yeux, que le linge qu'elle file ne sera peut-être pas pour son enfant.

» Le fantassin est la personnification la plus vraie du dévouement. L'éclat de la guerre ne l'a pas ébloui, les fanfares de la victoire ne l'empêchent pas d'entendre les cris déchirants des blessés, et, en frappant son ennemi, il souffre à la pensée qu'il est son semblable.

» Sans doute, le fantassin a toujours au fond du cœur une étincelle de ce feu sacré qui anime l'armée française ; mais, pour réveiller les instincts guerriers qui dorment dans sa poitrine, il faut l'odeur enivrante de la poudre. Quand le canon retentit, un frisson belliqueux passe dans ses veines, ses narines se dilatent en aspirant les émanations de la bataille, son sang s'échauffe au son des marches entraînantes, et quand la voix du général crie : *En avant !* il s'élance avec ardeur pour soutenir l'honneur de sa patrie, qu'il aime !...

» Dans les jours de bataille, il n'y a plus ni infanterie ni cavalerie, ni corps d'élite ; il n'y a plus que des Français ivres de gloire et de courage, et le dernier de nos paysans est un héros. Ces jours-là, tous les corps de l'armée fournissent à l'envi des charges furieuses et échevelées comme les avalanches des Alpes.

» Mais, après la victoire, le fantassin a toujours été un exemple de modération, et c'est là son éternel honneur.

» Le fantassin ne pille et ne maraude pas ; il ne prend pas les poules du paysan, parce qu'il sait que, sans une poule qui leur donne des œufs, ses vieux parents n'auraient souvent pour repas que du pain noir.

» Le dévouement du fantassin est d'autant plus beau qu'il n'a pas devant lui le reflet doré des épaulettes qui fascine si bien les yeux. La grande majorité ne cherch pas l'avancement : la seule espérance est de retourner sain et sauf au pays, après avoir largement payé sa dette au pays. Ah ! par exemple, il est une chose que le fantassin ambitionne : c'est de devenir voltigeur ou grenadier. Lui qui ne s'est pas laissé séduire par l'appât des grades, tient à prouver à ceux qui le connaissent au village que parmi tous il a été choisi comme soldat d'élite.

» Bien peu apprécient à sa valeur cette nuance jaune ou rouge de l'épaulette. Si l'on savait ce qu'il faut faire en temps de guerre pour obtenir cette distinction, l'on éprouverait un sentiment d'admiration à la vue de chaque voltigeur ou grenadier.

» Pour être soldat d'élite en Afrique, il faut savoir obéir aveuglément à certaines nécessités terribles qui forcent une compagnie entière à se faire décimer pour protéger la marche d'une division.

» Pour être voltigeur ou grenadier, le fantassin conserve, au milieu des plus longues marches, ce visage inaltérable qui défie la souffrance de se traduire au dehors, afin que le colonel, qui passe à cheval, se dise en le voyant : « Voilà un marcheur intrépide. »

» L'amour-propre des soldats d'élite est si grand, la conscience de leur mérite est si bien sentie, que j'ai vu dans les marches ceux qu'une fatigue accablante couchait le long des routes, mettre bas leurs épaulettes, et cacher leur honte derrière une broussaille.

» Le fantassin se fait aussi remarquer par une propreté d'une régularité extrême. Il cire avec vigueur la giberne qui lui sert de miroir et le ceinturon qui étreint sa taille. Il soigne son fusil avec une attention scrupuleuse, et ses gros souliers d'ordonnance font pâlir les plus élégantes chaussures. »

CHAPITRE XX.

—

Guerre d'Italie : Bataille de Solferino. — Ordre du jour de l'Empereur à l'armée.

Le 25 juin, Paris offrait un spectacle inconnu à notre pacifique génération, celui d'une populaire allégresse saluant une grande victoire. La prise de Sébastopol, longtemps attendue, avait causé moins d'émotions que la nouvelle de la bataille de Solferino. On chantait dans les rues des airs patriotiques, les omnibus portaient un drapeau à la poupe, les chevaux de fiacre arboraient une petite cocarde au coin de l'oreille; les maisons étaient pavoisées de l'entresol au grenier. Le soir de la veille, tous les monuments avaient allumé leurs rampes de gaz. C'est que la bataille du 24 était une de celles qui, si elles ne terminaient pas la guerre, permettaient du moins d'en pressentir la solution. L'empereur d'Autriche commandait en personne, et il avait pu voir de quelle nation il s'était fait un ennemi.

Les Autrichiens semblaient nous abandonner la Lombardie. Après la ligne de l'Adda, ils laissèrent derrière eux celle de l'Oglio, puis celle de la Ciesse, enfin ils passèrent le Mincio. L'armée alliée les suivait rapidement, et le général Garibaldi couvrait la marche. L'empereur Napoléon tenait ses différents corps bien échelonnés à peu de distance les uns des autres. Chaque matin, l'armée se mettait en mouvement de bonne heure, dans un ordre admirable. Ces sages dispositions nous valurent un éclatant triomphe.

La retraite des Autrichiens derrière le Mincio n'était qu'une feinte.

Le 24, nos corps, pour éviter la chaleur, s'étaient mis en route entre deux et quatre heures du matin; les maréchaux Baraguey-d'Hilliers et Mac-Mahon s'avançaient, au centre, sur Solferino et Cavriana; Victor-Emmanuel, à l'extrême gauche, marchait de Lonato sur Pozzo-Lengo au sud du lac de Garde; à la droite, le général Niel et le maréchal Canrobert se déployaient dans la plaine de Medole.

Tout-à-coup nos colonnes se heurtèrent contre des colonnes autrichiennes, et nos généraux virent les hauteurs se garnir de masses épaisses. Il n'y avait plus à s'y tromper, l'armée ennemie était revenue pendant la nuit sur ses pas; l'action s'engagea. Averti dès six heures, l'Empereur Napoléon monta sur le clocher de l'église; il étudia de là le vaste champ de bataille qui s'étendait sur une longueur de cinq lieues et que lui dessinait une longue ligne de fumée. Sa première préoccupation était de relier les uns aux autres les différents corps et d'assurer l'unité de cette bataille trop disséminée. Il y eut, en effet, dans cette journée, quatre affaires distinctes : celles de Victor-Emmanuel à San-Martino ; de Baraguey-d'Hilliers contre Solferino ; de Mac-Mahon contre Cavriana ; de Niel dans la plaine de Medole. L'Empereur s'attacha principalement aux attaques du centre, confiant dans la valeur de l'armée serde sur sa gauche, dans l'intrépidité du maréchal Canrobert, chargé, sur l'extrême droite, d'observer un corps ennemi dont on redoutait l'approche par la route de Milan.

Le plan des Autrichiens, en nous attaquant, était de nous contraindre à repasser la Chiesse, après nous avoir enserrés dans une vaste plaine, que tous les généraux ennemis connaissaient, et dont les avantages étaient pour eux. Ce plan devait être admirablement déjoué, et bientôt l'assaillant allait fuir à tire d'aile par-delà le Mincio.

Solferino est un village qui ressemble à tous les villages lombards et piémontais. A quelques maisons près, c'est Montebello ou Buffalora, Magenta ou Melegnano. Cette fois, au point de vue militaire, c'était plus qu'un amas de maisons placées dans une situation agréable, au milieu de roches, d'arbustes, et de plaines vertes, alors jaunes de moissons. L'ennemi en avait fait une position stratégique importante ; aussi le nœud de la bataille était ces hauteurs et celles de Cavriana. Ce fut le corps du maréchal Baraguey-d'Hilliers — je rappelle que mon régiment était un de ceux qui le composaient — qui fut chargé d'attaquer le village aux premières lueurs du jour ; cinq heures n'avaient pas encore sonné que des coups de feu retentissaient, et nous nous élancions comme toujours, à la baïonnette. Le premier coup de feu équivalait pour nous à la sonnerie du cloiron ; c'était le

commandement de *En avant!* donné en quelque sorte
par les soldats eux-mêmes et préparant l'exécution de
celui des officiers.

Les deux divisions du 1er corps se précipitent donc sur
le village et sur les monticules qui l'entourent, et alors
commence une lutte acharnée dont aucun de nous ne
put bien se rendre compte. Je me souviens seulement
que nous avions à combattre, dans un terrain des plus
difficiles, des troupes qui se renouvelaient sans cesse, et
le maréchal dut payer plus d'une fois de sa personne en
portant lui-même en avant les divisions Bazaine et Lad-
mirault.

Exténués de fatigue et accablés par la chaleur, exposés
à une vive fusillade, nous ne gagnions de terrain qu'avec
beaucoup de difficulté. L'Empereur donna l'ordre à la
division Forey de s'avancer, une brigade du côté de la
plaine, l'autre sur la hauteur, contre le village, et il la
fit appuyer par la division des voltigeurs de la garde,
qui alla prendre position, à découvert, à trois cents mètres de l'ennemi. Cette manœuvre décida du succès de la
journée.

Pendant que la division Forey s'emparait du cimetière
et que le général Bazaine lançait ses troupes dans le village, les voltigeurs et les chasseurs de la garde grim-
paient jusqu'au pied de la tour qui domine le château et
s'en rendaient maîtres. Les mamelons des collines qui
avoisinent Solferino furent successivement enlevés et
à trois heures et demie, les Autrichiens évacuaient la position sous le feu de notre artillerie, qui couronnait les
crêtes; ils laissaient entre nos mains mille cinq cents prisonniers, quatorze canons et deux drapeaux. La part de

la garde dans ce glorieux trophée était de treize canons et un drapeau.

Après la prise de Solferino, qui avait duré près de deux heures, le moment n'était pas encore venu pour nous de nous reposer. Le 1er corps prit aussitôt la direction de Pozzo-Lengo. Des détachements de plusieurs régiments restèrent en arrière pour garder les prisonniers, en faire même de nouveaux, et les conduire à Castiglione ou ailleurs. Le nombre en fut bientôt considérable.

Le maréchal Baraguey-d'Hilliers avait pour mission d'enlever toutes les positions en courant et de rejoindre l'armée sarde, qui luttait contre des forces deux fois supérieures. La marche sur Pozzo-Lengo se fit avec beaucoup de rapidité, et l'ennemi fut successivement délogé de tous les lieux qu'il occupait, sans pouvoir résister un moment.

Pendant que nous exécutions de ce côté les ordres de l'Empereur, — à qui revenait l'honneur d'avoir dirigé toute cette attaque sur une étendue de quatre ou cinq lieues, — ainsi que je l'ai dit, le corps du maréchal Mac-Mahon se tenait dans la plaine à droite, en vue de Saubussiano. Il devait appuyer toujours sur la droite pour arriver à se relier au corps du général Niel, qui marchait à pas de géant du coté de Medole. En même temps que s'opéraient ces divers mouvements, la garde impériale, infanterie, artillerie et cavalerie, entrait, elle aussi, en ligne. Il y avait deux solutions de continuité qu'il fallait remplir : l'une près de San-Cassiano entre le 1er et le 2e corps ; l'autre à la droite du 2e corps, en attendant l'arrivée du général Niel.

Le premier espace vide fut bientôt occupé par toute

7..

l'infanterie de la garde, grenadiers, voltigeurs, chasseurs
et zouaves, soutenus par plusieurs batteries également
de la garde, dont l'Empereur se préparait à diriger lui-
même le feu ; le deuxième vide fut comblé ensuite par
des chasseurs, des cuirassiers et des dragons de la garde,
renforcés de hussards et de chasseurs d'Afrique pris à
notre corps et à celui du maréchal de Mac-Mahon. Ces
deux opérations décelaient une grande science de la guerre.
L'ennemi le jugea ainsi, et, quand commença sur les trois
points, San-Cassiano, Cavriana et Medole, une attaque
générale, le premier choc fut terrible par les Autrichiens.
Leur gauche commençait à plier, et c'en était fait du centre et de la droite. Le moment était donc venu pour eux
de dépenser tout ce qu'ils pouvaient avoir de force et d'entrain.

La bataille devint terrible. Malgré son étendue et, partout, son peu de profondeur, le 2e corps attendit l'ennemi
de pied ferme et riposta par des feux nourris que grossirent
les batteries de la garde et qu'appuya bientôt, avec autant
d'habileté que de courage, la division Mellinet, de l'infanterie de la garde. Les Autrichiens sentirent alors plus que
jamais leur faiblesse, ou du moins l'inutilité de leurs efforts. Ils se rendirent en quelque sorte, et voulurent tenter
une nouvelle attaque, mais leur plan fut encore déjoué.

L'ennemi avait compté sur l'espace laissé entre le 2e et
le 4e corps. Cet espace n'existait plus. Non seulement,
je le répète, il y avait là toute la cavalerie de la garde et
deux divisions de cavalerie empruntées aux maréchaux
Mac-Mahon et Baraguey d'Hilliers, mais aussi le corps
du général Niel, qui était arrivé à temps. La promptitude
avec laquelle ce corps parvint à s'engager fit l'admiration

de l'armée entière. Le général Niel mena ses troupes comme un manœuvrier des plus habiles. « Nous nous croyions au Champ-de-Mars! » disaient, le soir, des soldats. Au champ de Mars! soit; mais à cette différence qu'au lieu du repos, c'était une lutte effroyable qui succédait aux marches précipitées commencées bien avant Medole, et cette lutte fut couronnée d'un plein succès.

Je ne vis rien de tout cela, mais je devine ce que ce dut être. La conduite de la cavalerie de la garde et de nos autres régiments montés fut, paraît-il, admirable; ils redoublèrent sur l'ennemi des charges qui enfonçaient les rangs et semaient partout le désordre et la mort.

Vers cinq heures du soir, l'ennemi était vivement refoulé sur toute la ligne. Mais au moment où nous allions recueillir à pleines mains les fruits de la victoire, un orage épouvantable, qui s'amoncelait depuis plusieurs heures sur les deux armées, éclata tout-à-coup et les enveloppa de tourbillons de grêle. Au roulement du canon, au bruit de la fusillade, qui, depuis le matin, n'avait pas cessé un instant, succéda soudain le fracas du tonnerre; au feu et à la lumière de la poudre, la lueur éblouissante des éclairs, sillonnant sans interruption un ciel sombre.

Une pluie torrentielle nous arrêta : on ne distinguait rien sur le champ de bataille. Les Autrichiens profitèrent de la tourmente pour repasser en désordre le Mincio. L'Empereur Napoléon se reposa dans la chambre qu'avait occupé quelques heures auparavant l'empereur François-Joseph.

Nous avions eu douze mille hommes mis hors de combat, mais les pertes des Autrichiens étaient trois fois plus fortes : nos canons rayés avaient porté la mort jusque dans les derniers rangs de l'armée. Cent-cinquante mille Français avaient vaincu deux cent mille Autrichiens, maîtres de positions redoutables et prêts depuis long-temps. Nos soldats, sous un soleil de feu, s'étaient battus pendant douze heures sans prendre ni repos ni nourriture. Ils s'étaient emparés de trente pièces de canon, d'un grand nombre de caissons et de trois drapeaux ; ils avaient fait en outre six mille prisonniers, et cela sous les yeux de l'empereur d'Autriche, en présence de l'Empereur et du roi de Sardaigne : c'était une noble satisfaction pour le patriotisme français.

Parmi les étendards mutilés dans cette journée, il faut citer au premier rang celui du 94e de ligne.

« Notre vieux drapeau, écrivait un soldat de ce régiment, déchiré, troué par les balles, frangé par la mitraille, excitait l'admiration et le respect avant la campagne d'Italie. Aujourd'hui, le coucou n'a plus ni ailes, ni pattes, ni bec ; la cravate est réduite à sa plus simple expression ; un bout de guenille, large comme une pièce de cent sous, flotte encore à l'extrémité de la hampe.

La défense de l'aigle du 94e fut l'un des épisodes les plus héroïques de la bataille.

Le régiment était arrivé aux hauteurs de Solférino, à travers une pluie de balles ; l'écharpe du drapeau se détache et tombe, le sergent Lanou-Demengé la ramasse. Le lieutenant de Guisseuil, porte-drapeau, tombe à son tour grièvement blessé, et la hampe glisse de ses mains. Lanou-Demengé la relève encore, et bientôt il se sent frappé à la jambe gauche. Un officier le prie de lui céder ces précieux restes, l'honneur du régiment, et il s'avance, en les tenant haut et ferme, au milieu de la mitraille; mais un boulet arrive et lui emporte la tête.

Le brave officier qui paya de sa vie cette action d'éclat s'appelait Jules Tollet. C'était un enfant de Paris, et il mérite que son nom soit conservé à côté de celui du sergent Lanou-Demengé, qui sauva enfin l'aigle du 91e.

Les Autrichiens firent tout ce qu'ils purent pour enlever au régiment ce glorieux débris; plus de cents périrent dans leurs attaques acharnées contre les nôtres.

Un tableau, dans lequel figurent le lieutenant Guiseuil, l'officier Tollet et le sergent Lanou-Demengé, représente ce beau fait d'armes; on peut le voir au musée de Versailles.

Le lendemain, l'Empereur publia l'ordre du jour suivant :

« Au quartier général de Cavriana, le 25 juin.

« Soldat !

« L'ennemi croyait nous surprendre et nous rejeter au-delà de la Chiesse; c'est lui qui a repassé le Mincio.

« Vous avez dignement soutenu l'honneur de la France, et la bataille de Solferino égale et dépasse même les souvenirs de Lonato et de Castiglione.

« Pendant douze heures vous avez repoussé les efforts désespérés de plus de cent cinquante mille hommes; ni la nombreuse artillerie de l'ennemi ni les positions formidables qu'il occupait sur une profondeur de trois lieues, ni la chaleur accablante n'ont pu arrêter votre élan.

« La patrie reconnaissante vous remercie, par ma
bouche, de tant de persévérance et de courage ; mais
elle pleure avec moi ceux qui sont morts au champ
d'honneur.

« Nous avons pris trois drapeaux, trente canons et fait
six mille prisonniers.

« L'armée sarde a lutté avec la même bravoure contre
des forces supérieures ; elle est bien digne de marcher à
vos côtés.

« Soldats ! tout le sang versé ne sera pas inutile
pour la gloire de la France et pour le bonheur des
peuples.

                    « NAPOLÉON. »

Le 5e corps, commandé par le prince Napoléon, venant des duchés, était en ligne le 26 ; nous reçûmes
l'ordre le 27 de nous porter en avant pour franchir le
Mincio.

CHAPITRE XXI.

—

Guerre d'Italie : Suspension d'armes. — Entrevue des deux Empereurs.
— Signature des préliminaires de la paix de Villafranca. — Retour
de l'Empereur à Paris. — Son discours aux grands Corps de l'Etat.

La guerre de siége allait commencer, et, on pouvait le
dire, dans des conditions favorables. Le passage du Mincio
nous rendait maîtres du terrain propre à l'installation de
l'armée belligérante ; de plus, par la victoire de Solferino,
nous avions remporté un nouveau triomphe sur le moral
de l'ennemi ; après l'intrépidité de nos soldats, venait le
tour de la science et de l'habileté des officiers de génie,
et, si les forteresses autrichiennes devaient apporter une
résistance plus ou moins énergique, nous savions que nos
armes spéciales avaient donné à Sébastopol des preuves
d'un talent remarquable, qui allait encore s'exercer avec
succès.

D'après les dernières nouvelles, les Autrichiens se con-
centraient à Vérone. Ils étaient placés sous le commandement supérieur du maréchal de Hess, à qui François-

7..

Joseph, avait confié, en s'éloignant, le soin de diriger les
opérations; on répandait le bruit que le maréchal se préparait à un nouveau combat; quoi qu'il en fût, le plan de
l'Empereur Napoléon était tracé en deux mots : marcher
directement de l'Adige sur Vérone, après avoir entouré
les places fortes qui pouvaient inquiéter les derrières de
notre armée. En arrivant droit ainsi au cœur du fameux
quadrilatère, nous déciderions plus promptement la question. Je n'ai pas besoin de dire que le célèbre trapèze est
formé par les placés de Peschiera, Mantoue, Vérone et
Legrano, et que des marais et des montagnes le protégent.
Il s'étend sur une espace de huit à douze lieues, hori-
zontalement, entre le Mincio et l'Adige, et verticalement,
entre le lac de Gardé, les derniers versants méridionaux
des Alpes et le cour inférieur du Pô.

Nous ne tardâmes pas à prendre les dispositions nécessaires pour attaquer cette forte position. Le 29 juin,
l'Empereur transporta son quartier général à Volta, et
le 1er juillet à Voggera; l'armée entière avait traversé le
Mincio. Tout le long de la route, l'ennemi avait disparu,
et les travaux de défense étaient abandonnés; rien cependant n'avait été négligé pour rendre la résistance facile. Les soldats ne pouvaient revenir de leur surprise en
voyant qu'ils cheminaient tranquillement l'arme au bras,
sans qu'aucun coup de fusil se fît entendre; quelques
uns croyaient à un piège. Mais il fallut qu'ils se rendis-
sent à l'évidence, et ils comprirent l'effet moral produit
par la bataille de Solferino sur les Autrichiens. Ces derniers n'avaient pas le courage de tirer parti d'une situation qui ne leur laissait que peu de chances de perte et de-

vait leur donner une supériorité même sur nous, bien que nous fussions plus nombreux.

A la date du 7 juillet, les alliés occupaient les positions suivantes : les Piémontais, appuyés par le 1er corps, assiégeaient Peschiera ; le 2e corps avait son quartier général à Monzambano, le 4e corps à Villafranca pour observer l'ennemi venant de Vérone; le 3e corps et la garde impériale à Valeggio, et le 5e corps était placé en arrière, à Goïto, sur la rive droite du Mincio, chargé d'observer Mantoue. La disposition était excellente pour forcer le quadrilatère. En outre, pour compléter cette admirable position stratégique, les chasseurs des Alpes avec Garibaldi, et la division du général Cialdini marcheraient dans le nord de la Lombardie, de manière à fermer toute la vallée de l'Adige, à s'emparer du lac de Garde et à isoler Vérone du Tyrol. Enfin une flotte française, sous les ordres de l'amiral Romain-Desfossés, bloquait tous les ports de l'Adriatique appartenant à l'Autriche, et se préparait à attaquer Venise avec une escadre de siége.

Les avant-postes de l'armée autrichienne, placés sur la route de Villafranca, étaient à peine éloignés de deux kilomètres du quartier général. Nous crûmes un instant, le matin du 7 juillet, qu'ils allaient nous présenter encore une bataille. Nous prîmes les armes, mais on reconnut bientôt que l'ennemi avait disparu, et nous regagnâmes tristement nos cantonnements. Vers midi, une nouvelle des plus inattendues se répandit parmi nous ; il s'agissait de la conclusion d'un armistice. Rien cependant jusque-là ne l'avait fait présumer. On affirmait, au contraire, que le siége de Peschiera allait être poussé avec vigueur, et, pour aider les Piémontais dans leurs travaux, le général français allait se rendre sous les murs de la place. Pendant toute la nuit du 6 au 7, on avait entendu retentir le bruit du canon. Le corps du maréchal Baraguey-d'Hilliers, posté à Castelnuova, se retranchait du côté de Verone, et attendait à toute heure l'attaque de l'ennemi. Sur la place de Dezenzano, on travaillait en toute hâte à la construction définitive des chaloupes canonnières. On avait déjà songé à faire usage de ces chaloupes durant la guerre de Crimée, pour attaquer Cronstad en avant de Saint-Pétersbourg ; mais la prise de Malakof nous dispensa d'une seconde campagne dans la Baltique.

Outre ces préparatifs, qui n'avaient rien de pacifique, les troupes continuaient à s'établir dans les positions qui leur étaient assignées en prévision d'une nouvelle bataille. Des soldats passaient à chaque instant devant nous dans leur pittoresque costume de marche, le front couvert de guirlandes de feuillage ou protégé par une espèce de parasol très-original : à leurs képis, ils avaient adapté une baguette courbée en cercle comme la baleine dans les casquettes, et, sur cette armature légère, dépliant et fixant leurs mouchoirs bleus, ils s'étaient fait une visière immense qui les précédait d'un pied. Ces précautions n'étaient certes pas inutiles par l'extrême chaleur que nous avions.

Voici, disait-on, ce qui s'était passé.

Le 6, le général Fleury et son aide-de-camp, M. le capitaine de Verdière, quittaient le quartier général et se dirigeaient en poste vers la ville de Vérone. Les portes de la grande forteresse autrichienne s'ouvrirent devant le drapeau parlementaire; le général et son aide-de-camp entrèrent sans qu'on leur bandât les yeux, on se contenta de baisser les stores de leur voiture. Nous avions usé, quelques jours auparavant, d'une courtoisie analogue envers le fils du général Urban : envoyé à Vallegio comme parlementaire, il avait librement parcouru la ville, et l'on n'avait pris contre sa loyauté aucune des mesures de défiance usitées en pareille occasion.

Le général Fleury fut aussitôt introduit auprès de l'empereur d'Autriche.

François-Joseph accueillit avec beaucoup d'empressement l'envoyé de l'Empreur Napoléon; il l'invita à sa table, ainsi que le capitaine de Verdière. Nos parlementaires apprirent de la bouche même de Sa Majesté que la journée de Solferino avait coûté cinquante mille hommes à l'Autriche, et ils virent de leurs yeux un seul hôpital contenant sept cents officiers blessés dans la même rencontre. Le lendemain, entre dix et onze heures, le général Fleury était de retour au quartier général français, et, vers deux heures, un envoyé autrichien se présentait aux portes de Valeggio : c'était un capitaine, aide-de-camp du général Zobel ; quand il eut remis à l'Empereur le message dont il était porteur, il fut invité à la table du major général. Vers huit heures, on le vit reprendre la route do Villafranca. Tout le monde remarqua ses traits nobles et sa tournure fort élégante; il montait avec beaucoup d'habileté un cheval de race. Son chapeau était surmonté d'un abondant panache de plumes vertes, et il portait en sautoir une écharpe jaune, qui tranchait vivement sur sa tunique blanche et courte. Devant lui s'avançaient deux hussards français, la carabine armée ; derrière lui marchait un autre hussard français, le sabre nu, puis deux cavaliers autrichiens, un hussard et un hulan ; plusieurs hussards français complétaient son escorte. Il traversa la foule au pas, répondant au saluts silencieux qui lui étaient adressés par les officiers et les soldats.

Pendant ce temps, un conseil de guerre était réuni dans la *Casa Morelli*. L'Empereur avait convoqué le roi de Sardaigne, le prince Napoléon et les chefs de corps.

Le 8, à cinq heures du matin, le maréchal Vaillant, major-général de l'armée ; et son aide-major-général, M. de Martimprey, tous les deux en grand uniforme, revêtus de leurs insignes et portant leurs décorations, se rendirent à Villafranca, dans une des voitures de l'Empereur : ils étaient suivis d'un escadron de magnifiques chasseurs de la garde. Ils revinrent à midi moins un quart et allèrent sur-le-champ rendre compte à l'Empereur du résultat de leur mission. Une suspension d'armes avait été signée ; le terme en était fixé au 15 août : les bâtiments de commerce, sans distinction de pavillon, pouvaient circuler librement dans l'Adriatique.

Une note officielle, publiée le 10 juillet, expliqua les circonstances qui avaient amené cet événement. Elle était conçue en ces termes :

« Nous nous empressons de faire connaître dans quelles circonstances s'est produite la suspension d'armes qui vient d'être conclue entre l'Empereur des Français et l'Empereur d'Autriche.

» Des communications étaient échangées entre les trois grandes puissances neutres, en vue de se mettre d'accord pour offrir leur médiation aux belligérants. Le premier acte de cette médiation devait tendre à la conclusion d'un

armistice; mais, malgré la rapidité des transmissions
télégraphiques, l'entente à établir entre les cabinets ne
permettait pas que ce résultat fût obtenu avant quelques
jours. Cependant les hostilités de notre flotte contre
Venise allaient s'ouvrir, et une nouvelle lutte de nos
armées devant Vérone pouvait s'engager à tout instant.

» En présence de cette situation, l'Empereur, toujours
fidèle aux sentiments de modération qui ont constamment
dirigé sa politique, préoccupé d'ailleurs avant toute
chose du soin de prévenir toute effusion de sang inutile,
n'a pas hésité à s'assurer directement des dispositions
de l'empereur François-Joseph, dans la pensée que, si
ces dispositions étaient conformes aux siennes, c'était
pour les deux Souverains un devoir sacré de suspendre,
dès à présent, des hostilités qui pouvaient devenir sans
objet par le fait de la médiation.

» L'empereur d'Autriche ayant manifesté des intentions analogues, des commissaires nommés de part et
d'autre se sont réunis pour arrêter les bases de l'armistice, qui a été définitivement conclu le 8 juillet, et dont la
durée a été fixée à cinq semaines. »

L'Empereur data de son quartier général de Valeggio,
le 10 juillet, un ordre du jour par lequel il annonçait son
départ pour Paris et son retour prochain :

» SOLDATS !

» Une suspension d'armes a été conclue, le 8 juillet,
entre les parties belligérantes jusqu'au 15 août prochain.
Cette trêve vous permet de vous reposer de vos glorieux

travaux et de puiser, s'il le faut, de nouvelles forces pour
continuer l'œuvre que vous avez si bravement inaugurée
par votre courage et votre dévouement. Je retourne à
Paris, et je laisse le commandement provisoire de mon
armée au maréchal Vaillant, major-général. Mais dès que
l'heure des combats aura sonné, vous me reverrez au
milieu des dangers. »

L'annonce de la suspension d'armes fut accueillie en
France avec une grande satisfaction ; on y voyait une
preuve nouvelle de la modération de l'Empereur, et l'on
se plaisait à y puiser l'espérance du rétablissement de la
paix. En attendant, on ouvrait partout des souscriptions
en faveur de l'armée, et les villes, les communes, un
nombre considérable de particuliers, suivant l'exemple
de l'Impératrice, s'empressaient d'adresser leurs dons
aux comités organisés pour les recevoir. Il s'agissait de
venir en aide à des braves qui avaient été blessés en sou-
tenant l'honneur du drapeau, à des familles que la mort
d'un fils, frappé sur le champ de bataille, privait d'un
appui et d'une consolation ; cette pensée produisait des
miracles. Chacun voulait contribuer, dans la mesure de
ses ressources, à une œuvre de justice et de reconnaissance. Il y avait aussi les prisonniers, a qui l'on tenait à
faire oublier un peu les ennuis de la captivité, et, dans
toutes les villes où ils étaient internés, les habitants se
montraient, à l'occasion, remplis pour eux de bienveillance.

Les Français, du reste, n'avaient eux-même à se plaindre en Autriche ni du gouvernement ni des populations.
Les zouaves particulièrement excitaient beaucoup la
curiosité. L'un d'eux racontait plus tard que, quand il

arriva avec ses camarades dans la ville où ils devaient
séjourner jusqu'à nouvel ordre, une foule de soldats et
d'habitants les entourèrent, examinant avec intérêt diverses parties de leur uniforme, leur costume, leur large
pantalon et leurs jambières ; puis, lorsqu'ils eurent passé
cette minutieuse revue, ils leur offrirent du tabac et du
vin.

J'arrive à l'entrevue de Villafranca.

L'Empereur, maîtrisant l'ardeur de ses soldats, venait
de s'arrêter au milieu de la victoire. Obligé d'attaquer de
front le fameux quadrilatère, inquiété du mouvement
révolutionnaire qui agitait l'Italie, se méfiant de la Prusse
qui mobilisait la landwher, il comprenait que la lutte
allait prendre des proportions à entraîner des sacrifices
qui ne seraient plus en rapport avec le but poursuivi par
la France, et ces considérations le faisaient pencher vers
la paix, pourvu que les conditions en fussent honorables.
Il avait le courage de la prudence, après avoir eu celui de
la hardiesse.

Aussitôt après la signature de la trève, le quartier-
général fut transporté de Valeggio à Desenzenno, petite
ville sur le lac de Garde. L'Empereur n'y passa qu'un
jour, et il l'employa à visiter les chaloupes canonnières
montées pour le siége de Peschiera. Le 10 juillet, il revint
à Valeggio pour se rendre à Villafranca ; François-Joseph
avait accepté l'entrevue proposé.

Cette entrevue eut lieu le 11. Quelques minutes avant
neuf heures, un homme placé en haut du clocher signala,
sur la route qui traverse la ville, deux tourbillons de
poussière : l'un s'élevait du côté de Veleggio, l'autre

du côté de Vérone. Les cloches se mirent à sonner à toutes volées.

A neuf heures précises, le cortége de l'Empereur Napoléon entra dans Villafranca. L'Empereur était seul en avant, monté sur le cheval bai qui lui servait habituellement depuis le commencement de la campagne. Il portait la petite tenue de général de division. Le maréchal Vaillant, le général de Martimprey et toute sa maison militaire le suivaient; puis venaient les cent-gardes, dont les armes étincelaient au soleil, et un escadron des guides. Tous ces cavaliers arrivaient au grand trop.

Un officier d'ordonnance accourut du côté de la porte de Vérone et prévint l'Empereur que François-Joseph était tout près de la ville. Le cortége repartit au trop et dépassa Villafranca jusqu'à la distance d'un kilomètre. Ce fut là que les deux souverains se rencontrèrent, sur un chemin poudreux, en plein soleil, au milieu de cette même plaine où ils devaient, quelques jours auparavant, se livrer bataille.

Les cortéges s'arrêtèrent : les deux empereurs à cheval se détachèrent de leur suite et s'avancèrent l'un vers l'autre. Ils se saluèrent d'abord, et, quand les chevaux furent assez près, Napoléon III tendit la main à François-Joseph, qui la saisit et la serra cordialement. Ensuite, ils tournèrent bride et revinrent à Villafranca, l'Empereur des Français tenant la droite, l'empereur d'Autriche la gauche.

François-Joseph était accompagné du feld-maréchal baron de Hess et de ses officiers d'ordonnance. Il portait l'uniforme de général de cavalerie en petite tenue, casquette bleu de ciel et pantalon de casimir de la même couleur. Il n'avait ni cordon ni croix. On assure que l'héritier des Habsbourgs a tous les traits qui caractérisent sa race : il est grand et blond, et ressemble beaucoup à son frère Maximilien, aujourd'hui empereur du Mexique. Il paraissait en ce moment très-ému.

Le feld-maréchal Hess était à la suite de l'empereur, ainsi que l'exigeaient les devoirs de sa position de major-général. Le vieux général, très-vert encore, portait l'uniforme et tous les insignes de son grade. L'état-major était assez nombreux, mais beaucoup moins brillant que le nôtre. Le corps des gardes-nobles et celui des uhlans, qui formaient l'escorte du jeune empereur, se trouvaient entièrement éclipsés par nos cent-gardes et même par les guides. Les gardes-nobles ont le casque en cuir bouilli et la tunique bleue avec des parements rouges, ce qui n'est pas précisément magnifique. Quant aux uhlans, ils ressemblent assez à notre garde nationale à cheval, avec cette différence que les parements et les liserés rouges de nos gardes nationaux sont oranges dans l'uniforme des cavaliers autrichiens.

Pendant le trajet pour retourner à Villafranca, les cent-gardes cédèrent le pas aux gardes-nobles, mais les guides passèrent devant les uhlans.

A Villafranca, une maison avait été préparée pour recevoir les deux souverains : c'était celle de M. Carlo Claudini Morelli, située dans la rue principale, et où l'empereur François-Joseph avait déjà passé une nuit avant la bataille de Solferino. Cette maison était simple, sa façade très-ordinaire, et le mobilier sans luxe, bien que confortable.

Un petit salon avait été disposé pour la conférence.

Les fresques qui en ornaient les murs n'étaient pas de premier ordre ; elles représentaient des paysages invraisemblables sous des draperies impossibles. Il y avait deux canapés, des fauteuils en petit nombre et des chaises en abondance. L'étoffe des meubles était verte. Au milieu de la pièce se trouvait une table carrée, recouverte d'un tapis ; on y avait placé un vase de fleurs toutes fraîches, qui répandaient une odeur suave.

Ce fut là, devant cette table et devant ce vase de fleurs, que Napoléon III et François Joseph s'enfermèrent pendant près d'une heure. Personne n'assista à leur conversation.

Lorsqu'ils sortirent du petit salon, les deux souverains paraissaient rayonnants. L'empereur d'Autriche adressa à l'état-major français quelques paroles qui exprimaient toute son admiration pour notre brave armée. Il présenta ensuite la main au maréchal Vaillant, au général de Martimprey et au général Fleury ; puis, après avoir échangé de nouvelles marques d'amitié avec Napoléon III, il remonta à cheval pour retourner à Vérone.

L'empereur Napoléon repartit à onze heures pour le quartier général de Valeggio. Le jour même, il adressa à l'Impératrice une dépêche, qui eut en Europe beaucoup de retentissement :

« L'Empereur à l'Impératrice.

» La paix est signée entre l'empereur d'Autriche et moi.

» Les bases de la paix sont :

» Confédération italienne sous la présidence honoraire du pape.

» L'empereur d'Autriche cède ses droits sur la Lombardie à l'empereur des Français, qui les remet au roi de Sardaigne.

» L'empereur d'Autriche conserve la Vénétie, mais elle fait partie intégrante de la confédération italienne.

» Amnistie générale. »

Napoléon III adressa en même temps à l'armée une proclamation qui fut le commentaire le plus significatif de la paix conclue si rapidement, au grand étonnement du monde :

« Soldats,

» Les bases de la paix sont arrêtées avec l'empereur d'Autriche ; le but principal de la guerre est atteint ; l'Italie va devenir pour la première fois une nation. Une confédération de tous les Etats de l'Italie, sous la présidence honoraire du Saint-Père, réunira en faisceau les membres d'une même famille ; la Vénétie reste, il est vrai, sous le sceptre de l'Autriche : elle sera néanmoins une province italienne faisant partie de la confédération.

» La réunion de la Lombardie au Piémont nous crée de ce côté des Alpes un allié puissant qui nous devra son indépendance ; les gouvernements restés en dehors du mouvement ou rappelés dans leurs possessions comprendront la nécessité des réformes salutaires. Une amnistie générale fera disparaître les hontes des discordes civiles. L'Italie, désormais maîtresse de ses destinées, n'aura plus qu'à s'en prendre à elle-même si elle ne progresse pas régulièrement dans l'ordre et la liberté.

» Vous allez bientôt retourner en France ; la patrie re-connaissante accueillera avec transport ces soldats qui ont porté si haut la gloire de nos armes à Montebello, à Palestro, à Turbigo, à Magenta, à Marignan, à Solferino ; qui, en deux mois, ont affranchi le Piémont et la Lombardie, et ne se sont arrêtés que parce que la lutte al-lait prendre des proportions qui n'étaient plus en rapport avec les intérêts que la France avait dans cette guerre formidable.

» Soyez donc fiers de vos succès, fiers des résultats obtenus, fiers surtout d'être les enfants bien-aimés de cette France qui sera toujours la grande nation, tant qu'elle aura un cœur pour comprendre les nobles causes, et des hommes comme vous pour les défendre.

» Au quartier général de Valeggio, le 12 juillet 1859. »

La France recueillait d'assez beaux résultats de cette courte et brillante campagne : le Piémont était agrandi d'une riche province, et l'Autriche, refoulée derrière le Mincio, perdait son influence politique sur tout le reste de la Péninsule ; si l'indépendance italienne n'était pas complète, elle avait du moins fait un pas réel.

L'Empereur quitta l'armée le 14 juillet, et arriva le lendemain à Turin avec Victor-Emmanuel. La station du chemin de fer de Novare était ornée comme pour une fête ; les autorités civiles et militaires s'y étaient réunies. Les applaudissements éclatèrent sur le passage des deux souverains, de la gare au palais royal. Le soir, il y eut un grand dîner de cérémonie, et les rues furent illuminées. L'Empereur partit le 17 pour Suse, où l'accompagnèrent le roi et le prince de Carignan ; il était le 18 à Saint-Cloud. Les grands corps de l'État furent admis, le

19, à lui présenter leurs félicitations; il donna un nouveau commentaire de la paix de Villafranca dans les discours qu'il leur adressa. Voici ces deux documents :

« Messieurs,

» En me trouvant au milieu de vous, qui, pendant mon
absence, avez entouré l'Impératrice et mon fils de tant de
dévouement, j'éprouve le besoin de vous remercier d'a-
bord, et ensuite de vous exprimer quel a été le mobile de
ma conduite.

» Lorsque, après une heureuse campagne de deux
mois, les armées française et sarde arrivèrent sous les
murs de Vérone, la lutte allait inévitablement changer
de nature, tant sous le rapport militaire que sous le rapport politique. J'étais fatalement obligé d'attaquer de
front un ennemi retranché derrière de grandes forteresses, protégé contre toute diversion sur ses flancs par
la neutralité des territoires qui l'entouraient, et, en commençant la longue et stérile guerre des siéges, je trouvais en face l'Europe en armes, prête, soit à disputer nos
succès, soit à agraver nos revers.

» Néanmoins la difficulté de l'entreprise n'aurait ni
ébranlé ma résolution, ni arrêté l'élan de mon armée, si
les moyens n'eussent pas été hors de proportion avec les
résultats à attendre. Il fallait se résoudre à briser hardiment les entraves opposées par les territoires neutres, et
alors accepter la lutte sur le Rhin comme sur l'Adige.
Il fallait surtout franchement se fortifier du concours de
la révolution. Il fallait répandre encore un sang précieux
qui n'avait que trop coulé déjà : en un mot, pour

triompher, il fallait risquer ce qu'il n'est permis à un
souverain de mettre en jeu que pour l'indépendance do
son pays.

» Si je me suis arrêté, ce n'est donc pas par lassitude
ou par l'épuisement, ni par abandon de la noble cause
que je voulais servir, mais parce que, dans mon cœur,
quelque chose parlait plus haut encore : l'intérêt de la
France.

» Croyez-vous donc qu'il ne m'en ait pas coûté de
mettre un frein à l'ardeur de ces soldats, qui, exaltés par
la victoire, ne demandaient qu'à marcher en avant?

» Croyez-vous qu'il ne m'en ait pas coûté de retran-
cher ouvertement, devant l'Europe, de mon programme
le territoire qui s'étend du Mincio à l'Adriatique?

» Croyez-vous qu'il ne m'en ait pas coûté de voir dans
les cœurs honnêtes de nobles illusions se détruire, de
patriotiques espérances s'évanouir?

» Pour servir l'indépendance italienne, j'ai fait la
guerre contre le gré de l'Europe; dès que les destinées
de mon pays ont pu être en péril, j'ai fait la paix.

» Est-ce à dire maintenant que nos efforts et nos sacrifices ont été en pure perte? Non. Ainsi que je l'ai dit
dans mes adieux à mes soldats, nous avons droit d'être
fiers de cette courte campagne. En quatre combats et
deux batailles, une armée nombreuse, qui ne le cède à
aucune en organisation et en bravoure, a été vaincue. Le
roi de Piémont, appelé jadis le gardien des Alpes, a vu
son pays délivré de l'invasion et la frontière de ses États
portée du Tessin au Mincio. L'idée d'une nationalité italienne est admise par ceux qui la combattaient le plus.

Tous les souverains de la Péninsule comprennent enfin le besoin impérieux de réformes salutaires.

» Ainsi, après avoir donné une nouvelle preuve de la puissance militaire de la France, la paix que je viens de conclure sera féconde en heureux résultats; l'avenir les révèlera chaque jour davantage, pour le bonheur de l'Italie, l'influence de la France, le repos de l'Europe. »

Aux félicitations qui lui furent offertes par le nonce, au nom du corps diplomatique, l'Empereur répondit :

« L'Europe a été en général si injuste envers moi au début de la guerre, que j'ai été heureux de pouvoir conclure la paix dès que l'honneur et les intérêts de la France ont été satisfaits, et de prouver qu'il ne pouvait entrer dans mes intentions de bouleverser l'Europe et de susciter une guerre générale. J'espère qu'aujourd'hui toutes les causes de dissentiment s'évanouiront, et que la paix sera de longue durée. Je remercie le corps diplomatique de ses félicitations. »

CHAPITRE XXII.

—

Retour des troupes. — Une visite au grand hôpital de Milan. — La flotte de l'Adriatique. — Entrée à Paris.

Je pourrais peindre ce qui se passait dans nos camps depuis la conclusion de la paix en ces mots : « le calme après la tempête », ainsi que l'écrivait un mes camarades à sa famille. C'est que tout vieillit vite au temps où nous vivons, et à peine les échos du champ de bataille de Solferino avaient-ils cessé de répéter les derniers coups de canon de la lutte, qu'ils n'étaient déjà plus souvenir presque loin de nous.

Les lettres qui nous venaient de France témoignaient en général de l'allégresse avec laquelle la nouvelle de la paix avait été accueillie. Dans quelques-unes perçait néanmoins comme un mécontentement de voir la guerre si tôt finie. Mais qu'importait qu'elle eût duré peu, si elle avait frappé comme la foudre ! Ah! si ceux qui exprimaient de pareils regrets avaient seulement passé vingt

quatre heures dans nos rangs , un jour de Magenta ou de
Solferino, leur dépit, j'en suis sûr, aurait été moindre.

On pouvait surtout se faire une idée des malheurs
qu'entraîne la guerre en entrant dans un de ces vastes
établissements où tant d'hommes étaient en proie à la
douleur. Rien, du reste, ne leur manquait. J'eus l'occasion de visiter le grand hôpital de Milan , et voici ce que
j'en puis dire.

Cet hôpital n'est pas seulement une ravissante merveille d'architecture lombarde-vénitienne ; il se distingue
encore par la dimension et la salubrité des dortoirs ,
l'étendue des cours et des jardins, l'excellence du service
médical. Il y avait là environ mille ou quinze cents blessés , tous Français. Ils étaient dans des salles du rez-de-
chaussée parfaitement aérées, couchés dans de très-bons
lits et entourés de prévenances. Sur la petite table de
bois qu'ils avaient à côté de leur lit, je vis des conserves
et des bouteilles à moitié vidés de vin de France. Les
premiers médecins de Milan les visitaient tous les jours,
et, quand ils étaient passés, de braves gens s'approchaient
à leur tour de nos soldats et s'informaient de leurs
besoins ; c'était comme une seconde visite , tout aussi
agréable que la première , en ce sens qu'elle achevait
sur le moral du malade la guérison commencée sur le
corps. Les uns ordonnaient le médicament , les autres
faisaient apporter la bouteille de vieux bordeaux et le
pot de confitures. Les officiers avaient des salles à part,
mais ils n'étaient pas mieux soignés que les autres ; c'é-
tait impossible. Tous se montraient reconnaissants des
attentions dont ils étaient l'objet.

— C'est un plaisir de soigner vos compatriotes, me

dit une respectable dame, assise auprès du lit d'un jeune
soldat amputé de la veille; ils savent si bien nous remercier qu'on leur rendrait service pour la seule récompense
du remercîment.

Le soldat cherchait une phrase pour répondre ; la dame
lui passa doucement la main sur la bouche pour lui éviter
cet effort. Puis se tournant vers moi, elle reprit :

— Il souffre beaucoup de son bras ; il a même la fièvre
forte déjà, mais il guérira. L'autre jour, l'Empereur lui
a appliqué un remède souverain.

Elle prit, sous l'oreiller du malade, un ruban rouge
auquel était attachée une croix de la Légion-d'Honneur.
Le jeune soldat sourit en la regardant.

— Et vous pouvez croire, ajouta la dame, que celle-là
est bien gagnée ; il paraît que nous avons fait des actions
d'éclat.

A la journée de Solferino, ce jeune homme était monté
le premier à l'assaut du mamelon des Cyprès.

L'Empereur avait visité, quelques jours auparavant,
tous les hôpitaux de Milan. Partout il avait laissé un
grand nombre de croix, que les malades plaçaient sous
leur oreiller ou attachaient à leur capote, appendue au
chevet de leur lit. Au grand hôpital seulement, l'Empereur avait décoré plus de soixante-dix soldats.

Il était resté beaucoup de blessés chez les particuliers.
Ceux-là étaient nécessairement mieux soignés encore
que les malades de l'hôpital. Dans certaines maisons,
les simples soldats étaient traités comme des officiers supérieurs, dans des conditions de confortable qu'ils
n'auraient pas assurément trouvées chez eux. A peine
étaient-ils convalescents qu'on les admettait au salon ;

ils dînaient à la table des maîtres, et, le soir, on
les promenait en calèche au Corso. C'était une gloire
pour les grandes familles de Milan d'avoir leur blessé.
Les zouaves surtout avaient beaucoup de succès. On
affublait les enfants d'un charmant petit costume de
zouave, qui les gênait pour marcher, mais dont ils étaient
très-fiers. Le zouave conduisait l'enfant à la pension et le
ramenait; il se rendait utile de son mieux. Une anecdote
qu'on racontait alors partout, montre jusqu'où allait
le dévouement pour les nôtres.

Une riche dame avait mis à la disposition des malades
un très-beau palais, avec cent cinquante lits. Parmi les
soldats qui y étaient logés, se trouvait un grenadier du
7me, amputé à la suite de Magenta, et dont l'état était
désespéré. L'excellente dame cherchait à le consoler de
ses souffrances et lui parlait souvent de sa famille. Le
grenadier lui raconta qu'il était fils de pauvres paysans
du département du Gers, et que son chagrin, en mourant,
était de les laisser dans la misère, car lui seul aurait pu
les faire vivre : ce serait, disait-il, un grand bonheur pour
lui d'embrasser sa mère avant d'expirer.

Sa bienfaitrice, sans lui donner aucune espérance
trompeuse, le quitte à ces mots, monte en chemin de fer
et se rend dans le département du Gers, auprès des
parents du soldat, dont elle a pris l'adresse; elle s'empare
de la bonne femme, après avoir remis à la famille une
somme de deux mille francs, la ramène à Milan, et cinq
jours après la conversation qu'elle avait eue avec le grenadier, le fils embrassait sa mère et remerciait avec effusion la noble dame.

Depuis ce temps, la pauvre paysanne habitait le palais

de la comtesse, qui devait se charger de la ramener en France, et tous les jours on pouvait la voir assise auprès du lit de son fils, dont la joie soutenait la santé. Il n'y a pas beaucoup, il faut le reconnaître, d'actes de générosité comme celui-là.

Avant de parler de l'enthousiasme qu'excitèrent partout sur leur passage celles des troupes qui revinrent dans la patrie, il convient de dire où en étaient les préparatifs faits contre Venise lorsque la paix fut signée.

Partie de France le 16 juin, notre flotte s'était approchée d'Autriari pour y attendre que toute sa ligne fût formée; delà, le 30 juin au soir, elle s'était dirigée sur l'île de Lossini, choisie pour sa base d'opération, et dont le port est peu distant de Venise. On s'attendait à une résistance sérieuse; mais, le 3 juillet, la *Bretagne* et tous les autres bâtiments entrèrent dans le port, sans rencontrer le plus petit obstacle : les Autrichiens s'étaient retirés à la nouvelle de leur arrivée.

La ville principale de Lossini compte huit mille âmes : sa rade est belle et parfaitement située. Dans la journée du 3, le vice-amiral Romain-Desfossès prit possession de l'île au nom de l'Empereur et en confia le commandement au capitaine de frégate Davauroux. On y débarqua l'infanterie de marine, qui était sur l'escadre depuis Toulon, et les compagnies actives. Des mesures furent prises immédiatement pour l'installation des divers établissements : hôpitaux, parcs d'artillerie, dépôts de charbon, etc., nécessités par la perspective d'éventualités alors probables.

Le curé de Lossini, à la tête d'une députation composée des notables de l'île, alla trouver l'amiral Romain-Desfossés, et tous firent leur soumission dans des termes

qui permettaient de bien augurer des relations ultérieu-
res. La *Bretagne* ne resta en rade que jusqu'au 8 juillet.

Dans l'intervalle, deux transports, l'*Entreprenante* et
le *Jura*, amenèrent d'Afrique trois mille hommes d'infanterie. C'était l'avant-garde d'un corps de débarquement
dix fois plus fort que la marine était prête à prendre en
Algérie pour le jeter à Venise, si la lutte avait continué.

Dans la journée du 7, les batteries flottantes et les
cannonières enlevèrent leur mâture, — c'est l'opération
qui précède immédiatement l'entrée en ligne, — et la
flotte en masse mit le cap sur Venise, dont nos marins
apercevaient déjà les édifices. L'amiral apprit soudain la
suspension d'armes, puis la signature de la paix. Un
officier de l'escadre m'écrivit le 13 une lettre qui complète
en partie ces renseignements, et où il laisse percer un
peu le regret de n'avoir pu conquérir sa part de gloire.
Mon ami s'exprimait ainsi :

« Ce n'est pas seulement un armistice, mais la paix,
et une paix glorieuse, qui vient d'être signée.

» La France doit être dans l'ivresse, et, comme il faut
avant tout voir l'intérêt du pays, le mieux que nous puis-
sions faire, nous autres de la flotte de l'Adriatique, ainsi
que le 5e corps, arrivé sur le Mincio le lendemain de la
grande bataille, c'est de nous applaudir comme tout le
monde de ce résultat si prompt, si inattendu !

» Puis, n'avons-nous pas la consolation de nous dire
qu'une des causes qui ont pu contribuer à amener ce
résultat, c'est peut-être notre présence, notre attitude
sur les derrières de l'ennemi, prêts que nous étions à
envahir ces derrières et à y débarquer les troupes de l'escadre pour marcher sur Padoue et Vienne, et pour couper

le chemin de Venise à Trieste , c'est-à-dire la retraite de
l'armée ennemie elle-même ? C'est le général de division
Wimpsen qui commandait le corps de troupes, et on avait
fait là un excellent choix. Un plan d'attaque et de débarquement complet avait été dressé, et on ne doutait pas de
la réussite. La flotte de siège, composée de quarante-cinq
frégates , batteries flottantes ou canonnières de toute
classe, eût démantelé , pulvérisé les forts ennemis ; nul
n'en doutait, pas même les Autrichiens de Venise.

» Mais admirez le bonheur, l'étoile de l'Empereur ! Il
nous savait dans l'Adriatique, à Lossini sans doute, mais
pas encore devant Venise, tous réunis, prêts à y commencer le feu, et à y jeter des troupes au moment où il a
conclu l'armistice ; et ne voilà-t-il pas qu'une heure avant
l'entrevue des deux Souverains, l'aide-de-camp de l'amiral , le capitaine de frégate Foullioy , arrive à Valeggio,
annonçant qu'il a laissé, la veille, les quarante-cinq navires de la flotte de l'Adriatique en branle-bas de combat
devant Venise , et attendant l'ordre de jeter à terre un
corps de débarquement !

» La joie fut grande au quartier-général. Il était évident que la présence inattendue de ce puissant renfort
sur les derrières de l'ennemi allait être une arme de plus
entre les mains de l'Empereur.

» Ainsi, cette fois encore, comme en Crimée, la marine
a eu sa part de travaux sans avoir sa part de gloire. Ses
succès auront été plus réels qu'éclatants, mais le pays lui
en tiendra compte.

j'ajoute enfin à ces détails ceux que me fournit le rapport de l'amiral Desfossés au ministre de la marine.
D'après ce rapport, le 8 juillet, au point du jour, la flotte

était sous vapeur et sortait de Lossini, lorsque le commandant en chef fut informé qu'une suspension d'armes avait été signée. Il ne crut pas cependant que cet événement dût modifier ses dispositions de départ : son opinion était, au contraire, que la présence de nombreux navires devant Venise emprunterait de la suspension d'armes une nouvelle importance, et l'on se dirigea vers les places vénitiennes. Le lendemain, au lever du soleil, la flotte entière était mouillée sur cinq lignes parallèles à la côte, en vue des dômes de Saint-Marc et d'une population agitée, en ce moment, de sentiments divers. Le 10 au matin, le premier aide-de-camp de l'amiral, M. Foullioy, parut, muni d'un sauf-conduit, pour le quartier-général français à Voleggio, et rendit compte de la position prise par les bâtiments de guerre devant la ville. Il revint, le 12, avec cette lettre de l'Empereur à M. Romain Desfossés :

            « Valeggio, le 11 juillet 1859.

    » Mon cher amiral,

    » Une suspension d'armes est conclue jusqu'au 15 août. Je vous prie donc de renvoyer à Lossini tous les bâtiments qui n'ont pas besoin de tenir la mer.

    » Si la paix ne se fait pas, je compte sur l'énergie de la flotte et sur l'habileté de son chef pour concourir avec l'armée de terre au but que je me suis proposé.

    » Employez le temps jusqu'au 15 août à exercer les équipages, à faire des reconnaissances sur toutes les côtes, et à tacher d'avoir des renseignements sur les points faibles de l'ennemi.

    » Recevez l'assurance de mon amitié,

                        « NAPOLÉON. »

                                        8..

La paix ayant été signée le jour même, ces recommandations devinrent inutiles. La flotte toutefois ne quitta pas aussitôt l'Adriatique ; elle reçut l'ordre d'en longer les côtes jusqu'après le départ de l'armée.

Quant aux corps qui allaient rentrer en France, ils ne tardèrent pas à se mettre en mouvement, et, dans toutes les villes, ils étaient reçus de la manière la plus sympathique par les habitants de toutes les classes sans aucune exception. L'armée française laissait, en effet, les meilleurs souvenirs ; elle s'était distinguée par une discipline admirable, et ce fait n'avait pas échappé à la pénétration des Italiens. Une partie des troupes revinrent par Gênes, les autres par le nord du Piémont. Mais, quelle que fût l'activité déployée par les compagnies de chemin de fer, l'encombrement des voies était tel que tous les régiments ne pouvaient être arrivés à Paris pour la rentrée solennelle, fixée au 14 août. Campés à Saint-Maur, près de Vincenne, ils devaient, ce jour-là, descendre le faubourg Saint-Antoine, suivre les boulevards depuis la Bastille jusqu'à la rue de la Paix, et, après avoir défilé sur la place Vendôme, devant l'Empereur, entouré de son état-major et des corps constitués, rallier leurs cantonnements par la rue de Rivoli, ainsi que cela avait eu lieu pour les soldats de la guerre de Crimée.

Ce programme fut exécuté.

Je ne saurais mieux faire, pour donner une idée exacte de cette belle fête, dont je ne pus tout voir, puisque j'étais dans les rangs, que d'emprunter le récit publié par un des principaux journaux. Cet article est un peu long peut-être, mais les détails qu'il fournit sur cette magnifique solennité du 14 août ont trop d'intérêt pour ne pas le reproduire à peu près *in extenso* ;

I.

« Paris s'apprête à recevoir la victorieuse armée d'Italie ;
dès la barrière du Trône les maisons se parent, se pavoi-
sent, les mâts vénitiens soutiennent d'un côté de la rue
à l'autre les guirlandes de fleurs et font comme une voie
sacrée aux héros de Magenta et de Solferino. Un arc de
triomphe, imitant par la disposition de ses lignes la façade du dôme de Milan, s'élève à l'entrée du boulevard,
sur la place de la Bastille. Dans son vaste triangle de
marbre blanc s'ouvrent trois arcades, celle du milieu
d'un diamètre immense, les deux autres plus petites.
Au-dessus de la porte principale est figurée une statue
de la Paix, tenant d'une main le rameau d'olivier et de
l'autre la corne d'abondance. Au-dessous de la statue,
on lit sur un cartouche en lettres lapidaires : *À l'Empereur, à l'armée d'Italie*, la ville de *Paris* ! un second
cartouche contient les noms des victoires remportées :
*Solferino, Melegnano, Magenta, Turbigo, Palestro,
Montebello* ; au soubassement de l'arc, des statues à formes vigoureuses soutiennent les nervures qui divisent la
façade et encadrent la liste des régiments ; sur une frise
transversale sont inscrits ces mots : *Infanterie, Cavalerie, Artillerie, Génie*. Des bas-reliefs représentant des
sujets religieux, des saints dans des niches, des pignons
à crosses surmontés de statuettes, complètent la ressem-
blance et la décoration. Il est difficile de rappeler aux
troupes d'une façon plus ingénieusement délicate une
autre entrée glorieuse.

» L'autre façade offre la même disposition architecturale, à une différence près qu'une statue de la Guerre remplace celle de la Paix. Cet arc de triomphe, d'un effet grandiose, est de M. Baltard, architecte de la ville.

» Plus loin, à la hauteur du Cirque-Napoléon, un grand portique bleu et or découpe ses trois arcades, dont la principale a dix mètres d'ouverture en hauteur et neuf mètres en largeur. Cette arcade est surmontée d'une aigle d'or gigantesque, aux ailes déployées, de dix mètres d'envergure. Elle tient dans une de ses serres le laurier, symbole de la victoire, et l'épée de la France, et dans l'autre le drapeau national décoré de la croix de la Légion-d'Honneur, sur lequel sont inscrits les numéros et les noms des régiments qui l'ont obtenue. Au sommet de chaque colonne ou pilier est posé un blason impérial avec le manteau d'hermine, le sceptre et la main de justice en sautoir. Une circonstance touchante, qui se rattache à ce monument improvisé, ne doit pas être passée sous silence. Il est fait tout entier par les artistes du Cirque; l'un d'eux a donné le dessin de l'élévation, un autre a modelé l'aigle, un troisième a peint les blasons; chacun a voulu coopérer de ses mains à l'œuvre générale, témoignage de sympathie pour notre brave armée. Le portique est combiné de manière à pouvoir être splendidement illuminé. Le soir, des cordons de feu en accuseront les lignes, et trois grands lustres, éclairés en verres de couleur, pendront de la clef de voûte des arcades et en rempliront le vide par des girandoles étincelantes.

» Des aigles dorées, des écussons aux chiffres de l'Empereur et de l'Impératrice décorent la façade du cirque Napoléon.

» Le long des boulevards, à des mâts peints et dorés

plantés de distance en distance, flottent des banderoles aux couleurs nationales et sont suspendus des faisceaux de drapeaux tricolores ayant pour centre un disque à fond vert ou bleu, alternativement historiés d'un N et d'un E couronnés. Des mâts plus hauts et d'une ornementation plus riche se dressent aux angles de chacune des rues qui viennent couper la ligne du boulevard......

Je passe les détails les moins importants, et je continue :

« Au milieu de la chaussée, dans l'axe de la rue de la Paix, un monument dessiné par M. Baltard attire et retient les yeux. La guerre a fourni à l'architecte un glorieux et nouvel ordre : des canons autrichiens placés debout forment les colonnes d'un large socle portant sur des marches de granit. D'autres canons posés de champ et présentant tour à tour leur culasse et leur gueule chargée de boulets composent entre les fûts de bronze un ornement héroïque. Un cartouche contient ce mot significatif : *Villafranca*, en lettres d'or, — sur une des faces du socle on lit : *Palestro*, 3e *zouaves, un canon* ; — *Magenta*, 45e *de ligne, un drapeau* ; *2e zouaves, un drapeau* ; *3e grenadiers de la garde impériale, un canon*. Sur l'autre face sont burinées les inscriptions suivantes : *Solferino, chasseurs à pied, garde impériale, un drapeau* ; *76e de ligne, un drapeau* ; *voltigeurs garde impériale, treize canons*. — *1er corps, cavalerie, quatre canons* ; *3e corps, 2e division, deux canons* ; *2e de ligne, un canon* ; *55e de ligne, un canon*.

Sur ce socle pose une large plinthe de granit rouge, comme toutes les parties solides du monument, servant de rempart au siége en hémicycle, où est assise la statue de la Paix couronnée d'olivier, tenant d'une main un glaive

au fourreau, et de l'autre le traité de Villafranca. La
statue de M. Cortat est en marbre blanc; l'épée, la cou-
ronne et le traité sont dorés. Aux pieds de la Paix se
couche un grand lion de bronze, symbole de la modération dans la force. Deux aigles d'or battent des ailes de
chaque côté du siége; des lauriers dorés s'entrelacent
sur cette plinthe; autour du monument on a improvisé
un jardin; des gazons et des fleurs en encadrent la
base.

» L'entrée de la rue de la Paix est marquée par deux
obélisques de granit gris et rouge.

» A l'endroit où la rue de la Paix débouche dans la place
Vendôme, quatre groupes de colonnes forment une espèce
de portique triomphal. Les colonnes, de grande proportion, ont des socles de marbre blanc veiné; une gaîne
richement ornementée et dorée les enveloppe jusqu'au
tiers de leur hauteur; le reste du fût est en marbre rouge
antique, cannelé et surmonté d'un chapiteau corinthien.
Chacune de ces colonnes, au nombre de huit, couplées
deux par deux, sert de piédestal à une statue de la Victoire, les bras étendus et offrant des couronnes de chaque
main. Ces Victoires, entièrement dorées, d'une grande
fierté de tournure, sont de M. Diebolt. A chaque colonne
est suspendu un grand bouclier de bronze au chiffre impérial, derrière lequel se croisent une branche de laurier
et une palme, nouées par une bandelette tricolore, dont
les bouts retombent avec une grande symétrie.

» La même décoration avec tous ses détails est répétée
à l'autre entrée de la place Vendôme par la rue Castiglione.

» Dans la place même, des courtines de velours cra-

moisi avec N , abeilles et crépines d'or , drapent les balcons de tous les étages. Rattachées à des mâts peints et
dorés d'où pendent des oriflammes, des guirlandes de feuillage marquent et ornent la ligne des toits. A la pointe
des frontons, un trophée de drapeaux tricolores; aux deux
angles , des aigles dorées ; entre chaque mansarde, un
médaillon au chiffre impérial, complètent la décoration
de la place.

» La tribune, occupée par l'Impératrice, devant l'hôtel
du garde des sceaux, est supportée par un avant-corps
d'architecture d'ordre toscan, orné de trophées dans les
niches; des hampes dorées soutiennent un vélocrium
rayé de pourpre et d'or. Une riche tenture avec faisceaux
de drapeaux aux couleurs nationales revêt le fond. Une
draperie de velours cramoisi, relevée par des câbles d'or,
ornée du blason et du chiffre impérial, retombe sur le
balcon.

» Au tour de la place, dont ils laissent le milieu libre,
s'étagent en gradins de vastes amphitéâtres , capables de
contenir dix mille spectateurs. Ainsi disposée , ayant au
centre cette magnifique colonne trajane , faite de bronze
ennemi et surmontée de l'image radieuse de Napoléon ,
la place Vendôme a l'air d'un cirque romain au jour de
triomphe.

» Des hampes dorées avec flammes tricolores sont
plantées autour de la colonne. Aux quatre angles du soc,
on a suspendu des guirlandes ayant pour point des départ
des couronnes de laurier d'or passées au cou des aigles.
La grille qui entoure la colonne est chargée de festons ,
de couronnes et de bouquets d'immortelles.

II.

« Voilà la description bien incomplète, quoique trop longue sans doute, des préparatifs faits par la population de Paris pour recevoir l'armée triomphante. Paris, du reste, n'avait pas attendu le jour de l'entrée solennelle pour exprimer sa sympathie aux héros de Magenta et de Solférino. Il envahissait le camp de Saint-Maur, dans sa curiosité et son admiration naïves, se faisant raconter par les soldats, narrateurs modestes et complaisants, qui n'oubliaient qu'eux-mêmes, les rapides exploits de la dernière campagne.

« Sur tout le parcours de ce défilé, l'affluence est incalculable; de la barrière du Trône à la place Vendôme, les chaussées latérales sont encombrées de monde. Sur les échafaudages, aux fenêtres, aux balcons, presque sur les toits, entre les cheminées, fourmillent les têtes avides de voir. Dans Paris, qui semble s'être fait élastique pour les recevoir, se sont déversés les banlieues, les départements, l'étranger, tout ce qui a pu venir pour le grand jour par un véhicule quelconque. Les multitudes se fondent avec les multitudes, s'accroissent sans cesse jusqu'au dernier moment. Le faîte des maisons est aussi peuplé que la rue. Des spectateurs intrépides, faute de meilleure place, restent plongés dans le bassin du Château-d'Eau, trempés jusqu'à la ceinture.

« A l'heure prescrite, quoique matinale, et malgré la difficulté de circuler en voiture, les gradins des amphithéâtres élevés place Vendôme sont couverts d'une foule

immense, parée et choisie, qui regrette, bien que sûre de
ne perdre aucun détail, de ne pouvoir courir au-devant
des troupes au moins jusqu'à la Bastille, où l'Empereur
est allé se mettre à leur tête.

» Des tribunes spéciales, promptement remplies, avaient
été réservées pour les maisons de Leurs Majestés, le
Corps diplomatique, le Sénat, le Corps législatif, le
Conseil d'Etat, le Corps municipal de la Seine.

» Une impatience haletante, anxieuse, tient toutes
les poitrines oppressées ; c'est à peine si les yeux se
distraient à considérer la magnifique décoration des hô-
tels ; tous les regards se tournent obstinément vers la
rue de la Paix, par où doit déboucher l'armée.

» Saluée d'une acclamation universelle, la voiture de
l'Impératrice traverse la place. Sa Majesté s'assied, avec
le Prince Impérial en uniforme des grenadiers de la garde, à la tribune élevée pour elle. Dans les salons qui com-
muniquent à cette tribune, se réunissent les membres de
la famille impériale, les femmes des ministres, les grands
dignitaires, etc.

» Bientôt les cent-gardes, avec timbales et trompettes,
apparaissent entre les colonnes surmontées de Victoires
d'or, précédant de quelques pas l'Empereur monté sur
un magnifique cheval alezan. Les cris de *Vive l'Empereur!*
partent de tous les gradins ; les mouchoirs s'agitent ainsi
que les chapeaux ; tout le monde est debout et découvert.
Le Prince Impérial, à la vue des premières troupes, se
lève spontanément, tire sa petite épée et salue avec une
grâce héroïquement enfantine. Cette inspiration charmante provoque une longue salve d'applaudissements
qui a de la peine à se calmer.

» Après un peloton de guides, dont le kolback est devenu roux à l'ardent soleil d'Italie, arrivent les blessés
des différents corps assez avancés en convalescence pour
supporter les fatigues du triomphe : grenadiers, voltigeurs,
soldats de ligne, zouaves, tirailleurs algériens ; chaque
régiment a fourni son contingent. Eux aussi peuvent dire,
comme Jeanne-d'Arc en parlant de son drapeau : « Puis-
qu'il a été à la peine, il est juste qu'il soit à l'honneur. »
Ils s'avancent, pâlis sous le hâle, par la souffrance, écloppés, cicatrisés, manchots, s'appuyant sur le bâton qui,
par eux, doit remplacer le fusil quelque temps encore,
mais tendant la jambe, cherchant à marquer le rhythme
avec un stoïcisme tout militaire, souriant naïvement à la
foule qui les acclame, étonnés de leur succès, comme si
l'héroïsme était la chose du monde la plus naturelle. Plus
heureux que les autres, ils ont reçu pour la France une
de ces nobles blessures qui embellissent le soldat, voilà
tout ; leurs mains mutilées peuvent à peine tenir les couronnes, les bouquets, les palmes, les guirlandes que
le peuple enthousiasmé leur a jetés sur leur passage.

« Ils défilent plus lentement, car ils souffrent encore de
leurs plaies qu'a fermées la science. Parmi eux marche,
triste et fier, un jeune officier, les deux bras en écharpe. A
cette vue, une émotion profonde, irrésistible, universelle,
s'empare des spectateurs ; un frisson électrique parcourt les
gradins. Les femmes sanglotent, les yeux pleins de larmes ;
les hommes, la gorge serrée, essaient un hurrah, et
l'Empereur, arrêté devant la tribune de l'Impératrice, la
tête tournée vers la colonne, salue à plusieurs reprises.

« Trois aumôniers précédaient le groupe des blessés,
quoi de plus naturel : ceux qui ouvrent les portes de

l'autre vie, auprès de ceux qui chaque jour affrontent la mort !

» Le défilé des troupes a été annoncé hier dans le *Moniteur*, ajoute l'auteur du récit, il est inutile de le répéter corps par corps ; il vaut mieux noter, à mesure qu'ils se présentent, les particularités et les incidents de ce grand spectacle : la musique de chaque régiment se masse au pied de la Colonne, et joue pendant qu'il défile, jusqu'à ce qu'elle soit remplacée par la musique d'un autre corps. En passant devant l'Empereur, les régiments de la garde lui remettent leurs drapeaux ; plusieurs de ces drapeaux, comme du reste ceux des autres troupes, troués de balles, criblés de mitraille, noirs de poudre, décolorés, ne sont plus que des lambeaux sublimes. Ils sont salués par les plus vifs applaudissements. La ligne, cette troupe courageuse et modeste, le peuple de l'armée, est l'objet des plus touchantes ovations. On accueille avec une bruyante sympathie les zouaves à la martiale désinvolture, à l'uniforme pittoresque ; on sourit en voyant leur chien, qu'ils se sont amusés, en grands enfants, à parer de fleurs, et sur lequel ils ont planté un petit guidon tricolore. L'artillerie de chaque corps, dans sa mâle et sévère tenue, passe avec ses canons festonnés de guirlandes ; parfois, un œillet, une rose enclouent gracieusement la lumière qui mettait le feu à la poudre.

« Les tirailleurs algériens, les anciens ennemis de la France, qui maintenant combattent pour elle, marchent derrière trois aumôniers qu'ils respectent, malgré la différence de religion. Leur costume oriental bleu de ciel, soutaché de jaune, leurs types qui résument toutes les têtes du nord de l'Afrique, depuis le nègre jusqu'à l'Arabe, en passant par toutes les nuances, inspirent une bienveillante curiosité; sur leurs guidons figurent le croissant de l'islam et la main ouverte, préservatif du mauvais œil encore sculpté à la clef de voûte de la première porte de l'Alhambra.

» Après la garde ont paru les quatre drapeaux pris aux Autrichiens, glorieux trophées de la campagne, en assez mauvais état, à l'exception d'un, presque neuf; ils témoignent d'une lutte acharnée. Un chasseur à pied de la garde, accompagné de deux soldats, porte le premier; des soldats du 1er, du 3e et du 4e corps portent les trois autres. Ces drapeaux sont présentés à l'Empereur et remis à un cent-garde.

» Les quarante canons enlevés aux Autrichiens viennent ensuite; on a conservé leur mode d'attelage.

» Le maréchal Regnaud de Saint-Jean-d'Angely, commandant la garde, ouvre la marche, au milieu des cris les plus enthousiastes, des acclamations les plus chaleureuses, et ces acclamations ne se ralentissent pas durant tout le défilé, qui continue dans l'ordre suivant : le 1er corps, commandé par le général Baraguey-d'Hilliers; le 2 corps, commandé par le duc de Magenta ; le 3e corps, par le maréchal Canrobert; le 4e corps, par le maréchal Niel.

» Toutes les troupes, acclamées sur leur passage, ont des branches de laurier dans le canon de leurs fusils. Il n'y aura plus de fleurs à Paris pendant quinze jours. Leur marche du camp à la place Vendôme n'a été qu'une longue ovation.

» Le prince Impérial, qui, pendant le défilé, n'a cessé de battre des mains, est descendu de la tribune par son écuyer et porté à l'Empereur, qui l'embrasse et le pose quelques instants sur ses genoux, aux cris enthousiastes de *Vive l'Empereur !* *Vive l'Impératrice !* *Vive le Prince Impérial !*

» On ne saurait trop admirer l'ordre et la précision avec lesquels le défilé s'est accompli, sans intermittence et sans hâte.

» A trois heures tout était terminé ; l'Empereur rentrait aux Tuileries, l'Impératrice l'y rejoignait bientôt. Leurs Majestés ont été saluées, à leur retour, d'acclamations aussi vives que celles qui les avaient accueillies à leur arrivée. »

Le 5ᵉ corps n'était pas représenté au défilé ; il était resté en Italie, où l'on jugeait sa présence nécessaire pour quelque temps. L'Empereur avait décidé qu'une armée de cinquante mille hommes serait maintenue en Lombardie, et il avait désigné le 5ᵉ corps tout entier, avec les troisièmes divisions des 1ᵉʳ, 3ᵉ et 4ᵉ corps.

Le lendemain soir, 15 août, un grand banquet, auquel étaient conviés trois cents personnes, fut donné par l'Empereur aux chefs de l'armée dans la Salle des Etats. A la fin de ce banquet, l'Empereur prit la parole et remercia ses généraux de leur confiance en lui, ainsi que de l'habileté et du courage dont ils avaient fait preuve. Il leur distribua ensuite une médaille commémorative de la campagne d'Italie, et termina par ces mots : « Que cette médaille me rappelle parfois à votre pensée, et qu'en lisant les noms glorieux qui y sont gravés, chacun s'écrie : Si la France a tout fait pour un peuple ami, que ne ferait-elle pas pour son indépendance ? Je porte un toast à l'armée. »

CHAPITRE XXIII.

Départ du Tréport.

Le mois de septembre touchait à sa fin, et les baigneurs commençaient à être assez rares. Il ne restait plus au Tréport que des familles arrivées seulement depuis une semaine ou deux, des touristes qui s'y trouvaient d'autant mieux que la foule s'éclaircissait davantage, ou des malades que l'état de leur santé retenait encore sur les bords de la mer. De ce nombre était le capitaine. Le moment approchait cependant où il allait rejoindre son régiment, et, avant de s'éloigner de la côte, il tenait à faire une excursion dans les environs de Dieppe. Un matin qu'il s'occupait de ses préparatifs de départ, il vit entrer dans sa chambre le jeune Deslandes. L'enfant venait rapporter le travail que l'officier avait bien voulu lui confier, et lui annoncer que son père l'attendait le surlendemain à Paris.

— Monsieur, lui dit-il, en déposant sur la table le manuscrit, je ne sais comment vous remercier des distractions que vous m'avez procurées pendant mon séjour ici.
Les courses à âne et les jeux du casino m'ennuyaient ;
vous m'avez permis de vous accompagner dans vos promenades à Eu, à Saint-Valery, au bourg d'Ault, et la
lecture de ces pages, dans lesquelles vous retracez tant
de combats et tant de scènes militaires, m'a fait passer
des moments on ne peut plus agréables. Tout ce qui
tient à la guerre m'intéresse extraordinairement.

— Je ne me pique pas cependant d'être un chroniqueur
habile, repartit l'officier ; vous avez dû vous en aperce-
voir, mais.....

— Ah ! capitaine, interrompit Arthur, vous vous
trompez ou vous êtes trop modeste. Ces récits, surtout pour des écoliers de mon âge, sont très-instructifs,
et je regrette bien de ne les avoir pas parcourus plus
tôt. J'aurais voulu en emporter une copie pour mes camarades ; ils les auraient lus, au collége, avec le même
plaisir que moi.

— Eh bien, reprit M. Kerhervé, je ne pourrai peut-
être satisfaire votre désir. Je profiterai des loisirs que
nous laisse la vie de garnison pour revoir tout cela,
et si les personnes que j'ai l'habitude de consulter dans
une foule de circonstances m'engagent à publier ces
notes, je vous promets de vous envoyer quelques exem-
plaires de mon petit ouvrag, pour vous et pour vos amis.

— Nous vous en serons bien reconnaissants, répliqua
l'enfant, qui embrassa cordialement l'officier, et nous
conserverons précieusement votre livre ; ce sera un souvenir de vous, et puis vous y racontez des faits qui se

sont en partie passés sous nos yeux. Mais, ajouta-t-il, l'État n'a-t-il pas voulu honorer la mémoire de ceux qui ont succombé dans les dernières guerres? Il me semble qu'on a parlé d'un monument qui leur serait consacré.

— Oui, mon enfant. L'Empereur a décrété qu'une chapelle leur serait érigée dans la nouvelle cathédrale de Marseille. Une messe doit y être célébrée tous les jours à l'intention des officiers, soldats et marins morts au service de la patrie pendant les campagnes d'Afrique, d'Orient et d'Italie.

— Et votre chien, ce pauvre Fidèle qui vous suivait sur le champ de bataille et fut blessé à côté de vous; qu'est-il devenu?

— Je l'ai perdu avant de revenir en France; il est mort épuisé de fatigue à Milan.

— Vous reverrai-je bientôt à Paris? Mon père sera heureux de vous remercier lui-même.

— Il faut que je me rende directement à mon corps; mais notre colonel espère que nous serons appelés au printemps dans le voisinage de la capitale, et, s'il en est ainsi, vous me reverrez assurément à cette époque.

Arthur embrassa de nouveau le capitaine et sortit. Quelques instants après, M. Kerhervé prenait la voiture de Dieppe, et l'enfant préparait tristement sa malle; il n'avait plus que vingt-quatre heures à passer au port!

www.ingramcontent.com/pod-product-compliance
Lightning Source LLC
Chambersburg PA
CBHW072015080426
42733CB00010B/1718